ソーシャルワーカーの
社会福祉原論 Ⅱ

大正大学社会福祉研究会編

ソーシャルワーカーの 社会福祉原論 II
―― 現代社会と福祉 ――

刊行にあたって

　首都東京にある大正大学の社会福祉教育と研究は、その前身である「宗教大学社会事業研究室」を日本で最初に開室してから90年という歴史を経てきた。そして、大正大学の新しい展開に向けて大幅な改組に取り組み、地域におけるグローバル（global：世界的包括性）でローカル（local：地元性）な福祉課題に対してグローカル（glocal：グローバルとローカルをあわせ持つ）な視点で切り込むアーバン（urban：都市）福祉学を構築するために、再び学科として「アーバン福祉学科」を立ち上げることにした。

　こうした開室90周年という歴史的業績の継承とともに、新学科の開設という未来に立ち向かう節目の時期にあたって、大正大学の社会福祉教育を発展的に推進することをめざして本書を編むことにした。

　すでに、昨年の研究室開室の記念日には、2007年に『人間っていいな　社会福祉原論 I』という書名で初学者のための入門テキストを刊行した。それは高等教育機関である大学において専門的な社会福祉学の学問領域に初めて立ち入ろうとする学生にとって、ビジュアルな表現方法と分かり易い内容を取り入れた教科書づくりをめざした。それに続く姉妹編という位置づけの本書は、より専門的な内容を盛り込んだソーシャルワーカー養成のためのテキスト『ソーシャルワーカーの　社会福祉原論 II　－現代社会と福祉－』というタイトルにした。

ところで、本書の企画段階においてソーシャルワーカーの国家資格法である「社会福祉士及び介護福祉士法等の一部を改正する法律」が2009年4月から施行され、社会福祉士の国家資格の取得方法が大幅に改正された。その法規定では、社会福祉士の養成課程における教育カリキュラムが改訂され、そこで示されたシラバス内容と想定される教育内容を掲げている。しかしながら、社会福祉士制度で示される教育内容は、政策・制度論の学習を中心にしたナショナル・スタンダードであって、あくまでも最低基準の教科教育の内容であるため、本書の内容には、これまで90年にわたって培ってきた本学における社会福祉教育の蓄積と独自性を加味するよう試みたつもりである。そうした点において、本書が多くの市販テキストとは異なる特徴を持ち得るよう試みたつもりである。

　本書の活用を通じて、限りなく広く、深い領域である社会福祉学を学ぶという醍醐味を味わってもらえるよう願ってやまない。

2009年5月21日
研究室の開室記念日に

　　　　　　　　　　　大正大学社会福祉研究会
　　　　　　　　　　　『社会福祉原論Ⅱ』編集代表　石　川　到　覚

ソーシャルワーカーの

社会福祉原論 Ⅱ

目　次

ソーシャルワーカーの 社会福祉原論Ⅱ
―― 現代社会と福祉 ――

目　次

- ●刊行にあたって
- 序　章　いま福祉を学ぶ ……………………………………… 1
- 第1章　現代社会と福祉理論 ────────────── 7
  - 1．戦前期における国民生活研究からの接近 …… 8
  - 2．福祉国家研究－発展類型論 ………………… 10
  - 3．福祉レジーム論 ……………………………… 13
  - 4．フェミニストによる福祉国家研究 ………… 17
- 第2章　福祉制度・政策の発達過程 ──────────── 21
  - 1．欧米における発達過程 ……………………… 22
  - 2．日本における発達過程 ……………………… 30
- 第3章　福祉政策の概念と構成要素 ──────────── 37
  - 1．福祉政策と福祉制度 ………………………… 38
  - 2．福祉政策の構成要素 ………………………… 40
  - 3．福祉政策の主体と組織 ……………………… 41
  - 4．福祉政策の論点 ……………………………… 48
  - 5．福祉政策の理念と視座 ……………………… 56
- 第4章　福祉需要・ニーズと社会資源 ─────────── 63
  - 1．福祉需要 ……………………………………… 64
  - 2．ニーズ論 ……………………………………… 67
  - 3．資源論 ………………………………………… 72
- 第5章　福祉計画・公私関係と福祉財政 ──────────── 79
  - 1．社会福祉計画 ………………………………… 80
  - 2．公私関係 ……………………………………… 84
  - 3．社会福祉財政 ………………………………… 89
- 第6章　福祉政策と保健・医療の連携 ─────────── 95
  - 1．保健・医療と福祉 …………………………… 96
  - 2．医療と福祉の変革 …………………………… 98
  - 3．ウェルビーイング …………………………… 99

         4．福祉政策と保健・医療の連携 ──── 104
         5．心身の健康と福祉 ──── 108

第 7 章　貧困研究と公的扶助 ──────────── 111
         1．貧困の理論 ──── 112
         2．公的扶助 ──── 119

第 8 章　高齢者福祉と介護保険制度 ──────── 131
         1．高齢者の現状 ──── 132
         2．在宅福祉対策 ──── 133
         3．施設福祉対策 ──── 136
         4．高齢者虐待防止の推進 ──── 136
         5．高齢者の孤立死防止の対策 ──── 137
         6．介護保険制度 ──── 138

第 9 章　児童・家庭福祉制度と地域 ──────── 147
         1．児童・家庭福祉の理念 ──── 148
         2．児童・家庭福祉の法律と制度 ──── 150
         3．児童・家庭福祉サービスと地域 ──── 157

第10章　障害者福祉制度と地域 ──────────── 165
         1．障害者の定義と障害者福祉の理念 ──── 166
         2．障害者関連施策とサービス ──── 168
         3．障害者自立支援制度と障害者の地域生活支援 ──── 173
         4．精神保健と精神障害者福祉 ──── 177

第11章　リハビリテーションの新展開 ─────── 185
         1．リハビリテーションとは ──── 186
         2．精神障害リハビリテーションとは何をすることか？ ──── 187
         3．精神に障害を持つ人が地域で暮らすために必要なこと ──── 189
         4．精神障害リハビリテーションに求められるもの ──── 193

第12章　教育・住宅・労働と就労政策 ─────── 197
         1．教育政策 ──── 198
         2．住宅政策 ──── 204
         3．労働政策 ──── 210
         4．就労政策 ──── 214

第13章　世界の社会福祉 ───────────── 221
         1．グローバリゼーションと社会福祉 ──── 222
         2．世界の社会福祉の規範 ──── 223

終　章　社会福祉の課題と未来 ──────────── 235

序　章
いま福祉を学ぶ

1．現代福祉の方向性

　2000年6月「社会福祉事業法」が「社会福祉法」に改正され、その基本的理念には「福祉サービスは、個人の尊厳の保持を旨とし、その内容は、福祉サービスの利用者が心身ともに健やかに育成され、又はその有する能力に応じ自立した日常生活を営むことができるように支援するもの」（第3条）でなければならないとした。また、「地域住民、社会福祉を目的とする事業を経営する者及び社会福祉に関する活動を行う者は、相互に協力し、福祉サービスを必要とする地域住民が地域社会を構成する一員として日常生活を営み、社会、経済、文化その他あらゆる分野の活動に参加する機会が与えられるように、地域福祉の推進に努めなければならない」（第4条）と規定している。かつては援護・育成を必要とする者を行政の責任で保護する（＝措置）とされていたが、今日では福祉サービスを選択して利用しようとする者への支援に変わってきた。さらに、「地域福祉の推進」（第10条）を位置づけ、「市町村合併」をふまえて地域福祉計画を策定し、住民の多様な福祉ニーズに応えられる21世紀の社会福祉の進むべき方向を定めたのである。

　そうした法制化は、産業化、都市化、核家族化、国際化などの社会・経済環境の変化にともない、社会における人と人との「ふれあい」や「つながり」の喪失、すなわち「かかわりの希薄化」が著しく進む現実の中で、「共に支え合う地域社会＝コミュニティ福祉」の再構築が追求されていることを意味している。わが国の「コミュニティ」は、昔の村落共同体や血縁親族、同業者団体のような結びつきで組織された運命共同体を指していた。しかし、高度経済成長以降、都市（アーバン：urban）では近隣関係の希薄化が進み、助け合いも困難になった。そこでの「コミュニティ福祉」の形成は、育児や介護・介助の社会化を進める際に、フォーマルな公共団体のみの介入ではなく、インフォーマル部門が活発になっている地域社会での住民の福祉意識と実践に左右されることになる。

　福祉が進展する背景には、発達しつつある「市民社会：civil society」の

意識と実態を切り離して考えることができない。現状において「市民社会」が形成されているかについては、さらに議論を深めるべきである。福祉の進展にとっては、コミュニティのwell-beingを追究するために、市民社会の創造を意識的に位置づける必要がある。

2．新しい「共生社会」の様相

　21世紀の新しい「共生社会」とは、どのような社会なのであろうか。「共生社会」という概念は、多くの領域で使われてきた。ここでいう「新しい共生社会」とは、そのイメージを逐次実現しつつ、つくりあげていく生成概念であり、期待概念である。21世紀の市民社会の福祉実践においては、コミュニティ福祉の基本軸に「まちづくり」がとらえられ、新しい共生社会の創造に向けて、より積極的に考察を積み重ねる必要がある。

2－1　持続可能なまちづくりと共生社会

　理想とする「生活の質」や「まちづくり」は、個人差や地域差によって大きな幅が生じてくる。それらの差を理想像へと一致できるものにしていくためには、そこに住む人々がどんな生活をしたいのか、その生活はどのようなまちをつくれば可能になるのかを考えなければならない。まずは自分が暮らす地域において、その具体的なイメージを形づくっていくことから始まる。
　そのイメージづくりのためには、人々が集まって、現在困っていることや、暮らしやすいまちの理想像はどのようなものかといったことを話し合うことが有効である。まちのビジョンの具体像が見えてきたら、それを実現するために誰が何をしたらいいのかが明らかになってくる。この話し合いを重ねることから、互いに信頼関係が築け、互いに協力し合うことも可能になり、いわゆる「市民社会」へと組織化されていく。
　このような地域課題を統合的な視点によって、さまざまな地域主体の参画

と協働により解決する仕組みができることが、持続可能なまちづくりのためには最も重要なポイントである。そこでは、さまざまな属性や価値観の異なる人々が集まる地域コミュニティで話し合う場、機会こそ、社会的な共生のあり方そのものを見出すことになる。持続可能なまちづくりに向けた目標設定、実現のプロセスなどは、新しい「共生社会」をつくって行くときの指針となり、持続可能なまちづくりの基底には、仏教福祉思想でも重視されている「とも生き：共生思想」がすえられなければならない。

2−2　新しい「共生社会」における他者への思いやり

　他者への思いやりのあるヒューマンケアとは「人間が健康でこころ豊かに生きることを助けるあらゆる働きかけ」である。たとえば、医師が病人を治療する「メディカルケア」は、ヒューマンケアの重要なケアをになっても、医師の治療をもってしてもすべての病人を治癒できない。ヒューマンケアでは、バイオ (bio)・サイコ (psycho)・ソーシャル (social) な包括的な視点による福祉実践とともに、多様な療法が開発されて音楽療法、園芸療法、アニマルセラピーなどが人間の心を癒し、社会生活にとっての有効性も認められつつある。また、宗教、哲学、芸術、文化などの領域でもヒューマンケアの効果が研究されている。

　一人の人間を、あらゆる分野から、あらゆる方向から、あらゆる技法で、全人的にケアするヒューマンケアが新しい共生社会の構築に欠かせず、その共生社会にとってヒューマンケアを整えた他者への思いやりが不可欠になる。新しい共生社会の実現に向けて、いかにすばらしい制度や推進体制をつくり、適切な役割分担をしたとしても、それぞれの担い手が他者への思いやりの視点を持たなければ、それは単に見せかけのものとなる。ましてや、実効性のある行動には結びつかなくなるであろう。

3．福祉の学びの課題

　急速に激変する社会生活にあっては、幾重もの「ひずみ」や「ゆがみ」が生じており、それらが生活課題として累積し、「未解決」のまま放置されるといった、危機的状況に対する正確な認識が必要になる。また、今後一層グローバル化する社会においては、異なる民族の伝統、文化、イデオロギー、宗教などに対する尊重と理解を欠かせない。

　望ましい福祉社会を創出させる福祉の学びでは、グローバルであってかつローカルな視点をあわせ持つ「グローカルな視座」を持つことが求められる。また、わが国の福祉・労働政策などの改革理念を示した『社会的な援護を要する人々に対する社会福祉のあり方に関する検討会報告書』（厚生省 2000年）では「全ての人々を孤独や孤立、排除や摩擦から援護し、健康で文化的な生活の実現につなげるよう、社会の構成員として包み支え合う」というソーシャル・インクルージョン（social inclusion：社会的包摂）の進展を期待している。その背景にはソーシャル・エクスクルージョン（social excursion：社会的排除）による失業、低所得、ホームレス、犯罪、暴力、自殺、健康被害、家庭崩壊など互いに関連する複数の問題を抱えた人々、または地域格差が生じている社会・生活問題などへの解決策が喫緊の課題になっているからである。

　したがって、社会的排除から社会的包摂への転換に向けたソーシャルワークの価値や倫理を踏まえ、人権擁護や社会的公正などに向けたソーシャルワーカー・アイデンティティが形成できるような学びへと深めていくことが課題となる。そして、福祉の学びは、社会科学はもとより、人文・自然科学を含めた学際的なアプローチが可能な広義の応用科学を学ぶ営みでもある。その学びも、いつ・どこで・なにを・どのように・何を発見し、発信できたかなどが問われ、福祉を学ぶことへの責任性も学びの課題になってくる。福祉を学ぶ者は、現代社会の福祉のあり方に対して、常に疑問と新しい視点をもった学びを重ねるよう期待したい。

　　　　　　　　　　　　　　　　　　　　　　　　　　（落合崇志）

第1章
現代社会と福祉理論

Key words：
経済秩序外的存在、相対的過剰理論、残余的社会福祉、制度的社会福祉、福祉国家レジーム

　戦前期の理論で有名なのは、大河内一男である。大河内は社会事業の対象は資本制経済の再生産機構から脱落した「経済秩序外的存在」であるとした。戦後、海外においては、ウイレンスキーとルボーの福祉国家の発達類型論がある。イギリス福祉国家政策のブレーンであった社会政策学者ティトマスは、いくつかの福祉国家モデル化をはかり、制度的再分配モデルが望ましいとした。最近の福祉国家レジーム研究の代表的なものは、エスピン‐アンデルセンの福祉レジーム論である。平等な社会を築くために必要なものを商品化、脱商品化という指標で類型化をはかった。その他、フェミニストによる理論研究もあり、これからの理論研究にとって刺激的である。

わが国の戦後の主要な社会福祉理論についてはすでに『社会福祉原論Ⅰ』において述べた。とりあげたのは、孝橋正一、竹内愛二、小川政亮、一番ヶ瀬康子、岡村重夫、仲村優一、三浦文夫である。本章では、戦前期に発表されたもののうち、とくに、戦後の理論形成に影響をおよぼした大河内一男と風早八十二の理論、さらに、現代における諸外国の福祉国家論に言及する。

1．戦前期における国民生活研究からの接近

1－1　大河内一男「経済秩序外的存在」と社会事業

　戦時下における国民生活の研究を手がけた大河内一男は、国民生活の論理の樹立者といわれている。1935年代に社会事業研究所参与となり、多くの調査を実施、社会事業研究に力を注いだ。「社会政策と資本主義経済―ひとつの問題史的展望」(『社会事業研究』1937年1月)、「我国に於ける社会事業の現在及び将来－社会事業と社会政策の関係を中心として」(『社会事業』1938年8月)、「我国の社会事業の現代的課題」(『全日本私設社会事業連盟』1940年5月)が主な社会事業の理論研究としてあげられる。

　それまでの人道主義や階級調和という倫理観や観念論、あるいは、社会主義といった政治論ではなく、社会事業を社会政策や資本主義経済が生む必然の産物とし、合理的政策手段と考えた。社会政策は庶民階層を労働者や生産者としてとらえるが、社会事業の対象となるのは、資本制経済の再生産機構から一応脱落した、いわば「経済秩序外的存在」であるとした。そして、社会政策と社会事業は並行的に展開されなければならないとし、社会事業は社会政策立法の埒外に落ち込んだ窮迫状態にある人々をカリタス（慈善）として救済する一方、福利事業として保健・衛生・教育など積極的な生活改善を通じ要救護性の発生を事前に防止するものであると考えた。大河内は、「社会事業は社会政策の以前と以後に活動の場を持ち、社会政策はその周辺から強化、補充する点に特徴がある」と述べている。ただし、社会事業が社会政

策を代替し続けると労働力の順当な保全は行われにくくなり、国民経済の拡大再生産が阻まれ、やがて、社会事業に過重な負担がかかり、バランスを崩すことになる、と社会政策が社会事業化することには批判的であった。社会政策と社会事業は協働が望ましいとしたのである。

> **PROFILE**　「大河内一男（おおこうち　かずお）」（1905-1984年）
>
> 社会政策学者。東京大学総長（1962-1968年）。
> **主著**
> 　『戦後日本の労働運動』岩波書店、1955年
> 　『日本の労働者階級』東洋経済新報社、1955年
> 　『社会政策総論』有斐閣、1968年
> 　『暗い谷間の労働運動』岩波書店、1970年
> 　『余暇のすすめ』中央公論社、1974年
> 　『社会保障入門』青林書院新社、1979年
> 　『社会思想史』有斐閣、1985年

1-2　風早八十二の相対的過剰理論

　マルクス主義から社会事業を解釈した風早八十二は、マルクス主義的社会事業理論と呼ばれる。1937年に名著といわれる『日本社会政策史』を刊行する。停滞的・潜在的過剰人口を貧困者とし、要救護者として、これらの過剰人口が長期的就業の機会に恵まれず、被救恤的窮乏の泥沼に陥没した状態を貧窮と称した。社会事業の対象は、「将来的潜在的労働力」「労働能力欠如者」で、社会政策の対象は、「直接生産担当者」「生産を待機せる失業人口」としている。

　このように戦前期の社会事業をめぐる理論は、資本主義の発達や労働者対策としての社会政策という関係性のなかで浮かび上がってくる社会事業という構図でとらえられた。そして、その根底には資本主義経済の必然の産物と

しての失業や貧困があり、社会事業と労働が密接な関係をもっていたことがわかる。今日、高度に発達したグローバル経済のなかで、失業や貧困問題は国境を越え、また、貧困の形態は多様化、複合化している。労働と社会福祉はなお、密接に関係している。その構図は基本的には変わっていない。

> **PROFILE** 「風早八十二（かざはや やそじ）」（1899-1989年）
>
> 　岡山県出身、大正から昭和期の日本の刑事法、社会政策の学者、衆議院議員（1949-1952年）、弁護士。
>
> **主著**
>
> 『日本社会政策史』日本評論社、1937年
>
> 『日本社会政策の理論』時潮社、1949年
>
> 『日本社会政策史』上・下、青木書店、1951年

2．福祉国家研究―発展類型論

　戦後、社会福祉の生成過程を類型化して整理し、社会福祉とは何かを明らかにしようという研究がでてきた。

2－1　ウイレンスキーとルボー (H.L. Wilensky & C.H. Lebeaux)

　ウイレンスキーとルボーは、1958年刊行の『産業社会と社会福祉』のなかで、1950年代のアメリカの社会福祉の分析を発展類型論として整理した。社会福祉を「残余的 (residual) 社会福祉」と「制度的 (institutional) 社会福祉」と2つに類型化した。

　彼らのいう「残余的社会福祉」とは、日常的なニーズ充足機能をもつ家族や市場が機能しているときには登場せず、何らかの事情で、たとえば、生計中心者が病気、障がい、死亡などによって、機能できなくなったときや、経

済恐慌で失業者が大量に創出されるときに登場するのが社会福祉であるという見方である。一方、「制度的社会福祉」は、現代の産業社会の第一線に位置し、平常の機能として理解されるものである。利用の際、スティグマや緊急性、非日常性という特別な社会福祉という考えから解放されたものとしてとらえられる。

大恐慌とニューディール政策の時期を経て、1950年代のアメリカの社会福祉は、それまでの「残余的社会福祉」から「制度的社会福祉」に移行していると分析した。

2－2　ティトマス (Richard H. Titmuss)

R.ティトマスは、社会福祉政策について次のような3つのモデルを考え、社会福祉政策のあり方を分類し、整理した。福祉国家の中核を所得保障とする。

①残余的福祉モデル (Residual Welfare Model of Social Policy)
②産業的業績達成モデル
　　　(Industrial Achievement-Performance Model of Social Policy)
③制度的再分配モデル
　　　　(Institutional Redistributive Model of Social Policy)

残余的福祉モデルとは、個人が自分のニーズを満たすには、市場と家族という「自然」（ないし社会的に所与）のチャンネルがあり、残余的福祉モデルでは、これらのチャンネルが故障したときだけ一時的に社会福祉制度が発動されるというものである。このモデルの理論的な基盤は、初期のイギリス救貧法までさかのぼるとしている。

産業的業績達成モデルとは、社会福祉政策に経済の補助としての重要な役割を組み込んだものである。社会的ニーズは、能力、就労の成果および生産性を基礎として充足されるべき、という立場である。

社会政策の制度的再分配モデルとは、社会福祉は、社会に統合された主要

な制度であり、ニーズ原則にのっとって普遍的サービスを市場の外側で提供するものとみなされる。その基盤の一部に、社会変動と経済システムの相乗効果に関する理論があり、加えて、社会的平等の原理が基礎になっている。このモデルは、基本的には、常設の資源再分配システムを組み込んだものである。

つまり、家族、市場の役割に徹底的にまかせるか、または、業績の成果にみあった還元にするか、それとも、社会福祉制度をユニバーサルサービスととらえ、平等原則に基づき、再配分をしていくシステムとしてとらえるか、ということである。ティトマスは第3の制度的再配分モデルを選択すべきモデルと考えた。

> **PROFILE** 「Richard H. Titmuss」(1907-1973年)
>
> 　イギリスの社会政策学者、その研究は各国の社会政策・福祉国家研究に多大な影響を与えた。ロンドン大学経済学部教授、社会政策分野で多くの業績を残している。貧困と人口 (1938)、人口問題 (1943)、社会政策の問題 (1950)、などは世界的に有名である。業績の特徴は緻密な社会分析にもどづくもので、その指摘はきわめて鋭いものである。指導力、研究力、社会改良主義への影響力など多大である。福祉国家の立役者、大御所と呼ばれ、亡くなる直前まで教鞭をとった。
>
> **主著**
> Essays on 'the Welfare State', 1958
> 　（谷昌恒訳『福祉国家の理想と現実』社会保障研究所, 1967）
> Commitment to Welfare, 1968
> 　（三浦文夫監訳『社会福祉と社会保障』東京大学出版会, 1971）

3．福祉レジーム論

3-1 エスピン‐アンデルセン (Esping‐Andersen, G.) の福祉レジーム論

PROFILE　「Gosta Esping Andersen」（1947年‐　）

デンマークに生まれる。現在、スペインのバルセロナにあるポンペイ・ファブラ大学政治社会学部教授。アメリカのハーバード大学やイタリア・フィレンツェのヨーロッパ大学やトリノ大学で教鞭をとったことがある。また、OECDや国連、世界銀行、ヨーロッパ委員会などでも働いた。研究視点は社会政策や雇用政策を比較する手法による社会経済的不平等にある。『福祉資本主義の三つの世界－比較福祉国家の理論と動態』は福祉国家研究分野に金字塔を打ち立てたといわれる名著である。

Presented by Prof. Andersen

主著
　The Three Worlds of Welfare Capitalism (Cambridge, 1990)
　　岡沢・宮本監訳『福祉資本主義の三つの世界―比較福祉国家の理論と動態』ミネルヴァ書房、2001年
　Social Foundations of Postindustrial Economies (Oxford, 1999)
　Why Deregulate Labor Markets (Oxford, 2001).
　Why We Need a New Welfare State (Oxford, 2002),

　戦後資本主義世界において、さまざまな福祉国家が形成されたが、彼は、福祉国家の比較は、社会保障費の大小などによってのみ比較するのではなく、「レジーム（regime＝社会組織）」を問題にすべきと考えた。このレジームを定義するための指標として、「脱商品化」「社会階層化と連帯」を設定する。

脱商品化の社会政策の効果として、個人（と家族）が市場に依存することなく所得を確保し消費できるその程度であり、いわば、脱商品化とは「社会的権利」の強さと関係があるとする。

社会階層化と連帯ということは、その福祉国家が広範な社会的連帯のもとに構築されるか否かという設定である。われわれの生活世界では、所得や福祉（サービスなど）は、このような指標の組み合わせによって混合して提供されていることに気づく。つまり、a．家族自らが提供するサービス活動と、b．市場活動（賃金や労働に結びついた福祉、市場で購入された福祉）、c．政府の供給、という3つの組み合わせによって福祉国家とよばれる国々は成り立っているのである。

アンデルセンとその共同研究者たちは、10年近くかけて、これらがどう組み合わされているのかを大量の各国の統計資料、OECDやUNや世界銀行などのデータをもとに類型化をはかった結果、3つの福祉国家モデルを提起した。

①自由主義福祉国家レジーム

個人主義的市場こそがほとんどの市民にとって、部分的には勤労所得によってまた、部分的には契約によるもしくは私的に購入した福祉（企業福祉や生命保険、高齢者のための市場化されたケア）が、望ましい適切な福祉の源であるとする。福祉国家は残余的になりやすい。規制緩和などで市場のパフォーマンスが高まり、脱商品化の度合いを抑えることになる。「真の困窮者」に限定したミーンズテスト付の給付が中心となる。北米をはじめとしアングロサクソンの国々がこのレジームと考えられる。

②保守主義的・コーポラティズム型福祉国家レジーム

社会権が雇用とそれに基づく保険拠出によってもたらされる。この体制は保険原理を基礎にしてつくられている。平等より公平（契約上の公平）を強調する。社会保険は職業上の地位によって分立していることが多く、極度に細分化されていることもある。その結果、連帯の度合いが非常に狭くなって

しまうことがある。また、社会保険にカバーされるためには、長期にわたる途切れることのない雇用経験が求められることになる。そのために、このレジームでは、女性の権利は、一般的に派生的で間接的なものになる。女性は男性労働者の配偶者としてはじめてその権利を受けることができるという場合が多いからである。ドイツなど、ヨーロッパ大陸諸国がこのレジームであると考えられる。

③社会民主主義福祉国家レジーム

きわめて強力で包括的な社会権を保障し、普遍主義的な原則に立脚している。子どもや高齢者の社会的ケアの責任を引き受けることによって女性の地位を平等なものにすることを約束している。単に完全雇用のみではなく、男性、女性の雇用をともに拡大化していくことを一貫して強調している。市民は家族からサービスをうけたり、市場のサービスを購入することにはあまり頼らず、国家（地方自治体）の役割がもっとも大きい。高度に脱商品化された福祉国家であり、普遍的な連帯の原理に立脚している。基本的にはスウェーデンなどの北欧諸国がこのレジームである。

このエスピン‐アンデルセンの福祉国家レジームに対して、いくつかの批判がある。その代表的なものは、フェミニストからの批判である。彼のレジームはgender-blind（ジェンダーブラインド）であり、bread-winner、つまり稼ぎ手を男性に集中してとらえており、男性＝稼ぎ手、女性＝主婦、という構図からレジームを考えすぎているというものであった。いいかえれば、フェミニストからの指標は、福祉国家をGender-Centered Measuresでみるともっと違う類型化ができるのではないか、というものである。エスピン‐アンデルセンはこの批判を真摯に受け止め、その後の論文において、脱家族化という概念を新たに加え、家族の福祉やケア責任が福祉国家からの給付ないしは、市場からの供給によって緩和される度合いを指標化している。[1] 脱家族化は、①GNPに占める家族向けサービスに関する公的支出の割合 ②三歳未満の子どもに対する公的保育のカバーの度合い ③65歳以上の高齢者に対するホームヘルプサービスのカバーの度合いなどによって測られている。

これまで家族内でもっぱら女性によってになわれてきた育児や介護などのケアワークが国家の責任に移行することで、脱家族化が促進され、女性のための脱商品化をはかる条件が整うことになる訳である。

3－2　ジェンダーフェアモデル―フェミニズムの福祉レジーム

　ダンカンとエドワーズはエスピン‐アンデルセンの福祉国家レジームを軸に、資本―労働間の契約と賃労働と、ケア労働領域における男女間の役割分業にかかわるジェンダー契約のさまざまな態様とどのような関係にあるか描いた。

①男性稼ぎ手／女性パートタイム・ケアラー・モデル：専業主婦契約の近代的契約で、子どもがいない間は男女ともに賃労働に参入するが、育児期間は育児に支障がない限りにおいて女性がパートタイム労働という形で労働市場に参加する。

②男女共稼ぎ／国家ケアラー・モデル：男女ともにフルタイムで労働市場に参加し、育児は、フルタイムの公的育児施設の供給などを通じて、もっぱら国家が担当する。

③男女共稼ぎ／男女ケアラー・モデル：男女は平等に賃労働と育児を担う。

④男女共稼ぎ／女性ケアラーの市場化・モデル：男女ともにフルタイムで労働市場に参加し、育児サービスは国家でなくもっぱら市場によって供給される。

　図1によれば、わが国は保守主義という福祉国家レジームとジェンダー契約上、つまり女性のおかれた状況としては、伝統的な地位に位置している国家として類型化されていることがわかる。

図1　ジェンダーフェア・モデル

	福祉国家レジーム			
ジェンダー契約	南欧	自由主義	保守主義	社会民主主義
伝統的	ギリシア イタリア スペイン	アイルランド	日本	
主婦		ニュージーランド オーストラリア アメリカ　イギリス	スイス ドイツ オーストリア ベルギー オランダ	
共稼ぎ	ポルトガル		フランス	
平等				ノルウェー デンマーク スウェーデン フィンランド

出典原著：Duncan, s. and Edwards, R. (1999) Lone Mothers and Genderfare, Macmillan、居神浩「福祉国家動態論への展開－ジェンダーの視点から」（埋橋孝文編著『比較のなかの福祉国家』ミネルヴァ書房、p.54、2003年）

4．フェミニストによる福祉国家研究

近年、フェミニストによる福祉国家研究への接近により、これまでの福祉国家研究に欠けていたジェンダーの視点が持ち込まれ、福祉国家研究の分野に新しい地平が拓かれた。最後に、簡単ではあるが、フェミニストによる福祉国家研究についてふれておく。彼女／彼らは、これまでに福祉国家研究は、「女性や男性に与える福祉国家の影響やその影響の差異についてほとんど説明してこなかったし、両性間での福祉制度の不平等についてはほとんど無視してきた」と指摘する。

フェミニストたちによる福祉国家研究の成果は次の3点である。[2]

①福祉国家が前提としてきた男性＝稼ぎ手／女性＝被扶養の家族世話係というジェンダー関係に着目し、それが福祉国家の社会権 (social rights) におけるジェンダー格差の規定的要因をなしていることを指摘したこと。

②これまでの福祉国家研究が経済の工業化や近代化への機能的対応ととらえるのに対して、家族・市場・国家の連環においてとらえる視点を提示し、家族の福祉機能と国家との関連で福祉国家を把握しようとしたこと。
③比較福祉国家研究にジェンダーを組み込み、独自の分析枠組みを構築することによって、これまで、エスピン‐アンデルセンの類型化論では可視化されなかった、同一福祉国家体制内における女性の自立のあり方における差異を浮かび上がらせることに成功したこと。

　福祉政策の中心に伝統的な家族をすえるのか、それとも共稼ぎ家族をすえるのか、あるいは、これまで女性によってになわれてきたケア・ワークを社会化し、支払われる労働 (paid work) と位置づけるか、否か、男性、女性という視点からみるだけで違った世界が広がる。ジェンダーというフィルターを通して福祉と国家のあり方を考えることは、きわめて重要なのである。
　以上、戦前期および海外の福祉国家研究を簡単にみてきた。福祉国家のかたちはさまざまなファクターによって異なる様相を呈することがわかる。産業化の度合いや経済的動向、それによる労働のあり方や失業の状況、国家の政治体制、政策的姿勢、女性をどのようにとりあつかうか、人口構成や制度の成熟度など、いろいろな要素によって規定され形づくられる。
　わが国の状況を知るためには、歴史や国際的動向をふまえ相対化することが大切である。また、政治や経済などの隣接分野、学科や分野の仕切りにとらわれることない多角的な視点が社会福祉にかかわる人々にはますます必要になっている。

（山田知子）

〔註〕
1）居神浩「福祉国家動態論への展開 －ジェンダーの視点から－」埋橋孝文編著『比較のなかの福祉国家』ミネルヴァ書房、p.57、2003年
2）深沢和子は「福祉国家とジェンダー・ポリティックス」『福祉国家再編の政治』ミネルヴァ書房、pp.215-246、2002年で、D. Sainsburyを引きながら、福祉国家研究へのフェミニストからの接近の成果を簡潔にまとめておりきわめて参考になる。

参考文献
* 吉田久一『社会事業理論の歴史』一粒社、1974年
* 坂田周一
  HP http://www.rikkyo.ac.jp/ssakata/paper/titmuss/index.html
* Esping-Andersen, Gosta (1990), The Three Worlds of Welfare Capitalism, Polity Press 岡沢憲芙・宮本太郎監訳『福祉資本主義の三つの世界 －比較福祉国家の理論と動態』ミネルヴァ書房、2001年
* 埋橋孝文編著『比較のなかの福祉国家』ミネルヴァ書房、2003年
* 宮本太郎編著『福祉国家再編の政治』ミネルヴァ書房、2002年
* Sainsbury Diane ed. (1994) Gendering Welfare States, SAGE
* Sainsbury Diane, (1996) Gender, Equality and Welfare States, Cambridge University Press
* Sainsbury Diane ed, (1999) Gender and Welfare State Regimes, Oxford University Press

第2章
福祉制度・政策の発達過程

Key words:
エリザベス救貧法、ビスマルク社会保険3部作、福祉国家、国民皆保険・皆年金、制度の持続可能性

　欧米においては、近代的な福祉制度・政策の源流は、17世紀のイギリスの救貧法と19世紀のドイツの社会保険立法に求められるが、それらは20世紀に入り、第一次および第二次世界大戦を経る間に急速な発展を遂げ、1950年代から1970年代にかけて「福祉国家の黄金時代」を迎えた。しかし、その後は、高齢化の進行・経済の低成長・国家財政の深刻化といった経済社会状況の変化に対応するために福祉国家の見直しが進められ、現在においても21世紀に適合的な福祉政策のヴィジョンの模索が続いている。日本も、いわば1周遅れではあるが欧米諸国と同様の歩みをたどり、現在は、福祉制度の持続可能性と機能強化を両立させる方策が求められている。

福祉制度・政策の「福祉」という言葉は、第3章で後述するとおり広狭さまざまな意味で用いられるが、本章においては、狭義の社会福祉すなわち「障害者・高齢者など日常生活上の一定の不便・困難にさらされたさまざまな人々に対して、主として（医療以外の）人的な生活支援サービスを提供すること」に、公的扶助や社会保険も加えた比較的広い意味[1]で用いることをあらかじめお断りしておく。

1．欧米における発達過程

1－1　公的扶助の源流（17世紀のイギリス）

　中世・近世のヨーロッパ封建社会は、基本的に農業社会で生産能力も低く、個人の力のみでの安定した生活は困難であったため、生活上の困難や障害への主たる対応としては、家族・親族を中心とした血縁共同体や近隣住民・村落を単位とした地縁共同体の相互扶助のほか、キリスト教の教会・修道院による慈善事業や君主・領主による恩恵的施与が行われた。

　イギリスでは、14～15世紀の農業革命後の第一次囲い込み運動や商品経済の浸透により近世から近代へと経済・社会が移行していくが、そうした変化は、農村の窮乏化、農民間の貧富の格差の拡大、一部農民の浮浪貧民化などの事態を招いたため、これらに対する新たな社会的対応が必要となり、エリザベス1世（在位期間は1558～1603年）統治下の1601年に「エリザベス救貧法」が成立した。同法は、貧困者救済と労働力確保ならびに治安維持を目的としており、教区単位に任命された数名の貧民監督官が救貧税を徴収し、これを財源として貧民救済事務を実施した。具体的には、貧民を労働可能貧民・労働不能貧民・児童の3種に区分し、①労働可能貧民については、就労を強制し（拒否者は監獄送致）②労働不能貧民については、親族扶養が不可能な者のみ、救貧院への収容または在宅での生活扶助を行い③児童については、親族扶養が不可能な者のみ、徒弟奉公を強制するというものであった。

また、貧民は市民権を剥奪されたが、こうした取扱いの背景としては、「貧民は怠惰な性格から生まれるものであり、甘やかすべきでない」あるいは「下層階級は怠け者であるから貧乏にしておかなければ働こうとしない」というような貧困の原因を個人の責任に帰す考え方が当時支配的であったことがあげられる。「エリザベス救貧法」は公的扶助制度の源流といえるが、しかし、その効果は限定的であったとされる。

　その後、「博愛の世紀」と呼ばれる1700年代に入ると、啓蒙思想を基盤として、慈善学校・慈善病院を中心とした養護、教育、監獄改良などの活動を展開する民間慈善事業が活発化した。この民間慈善事業は、従前の教会・修道院による慈善事業と異なり、新興ブルジョアジーが中核となった博愛協会と呼ばれる自発的な共同事業としての性格を有していた。しかし、一方で、貧困は個人に責任があるとする貧民観は維持された。

1－2　院外救済から新救貧法へ
　　　　（18世紀後半から19世紀にかけてのイギリス）

　イギリスでは、18世紀の後半には産業革命の進展にともなう労働問題、都市問題、経済問題（景気変動）などの新たな社会問題の発生や凶作に起因する農業不況に悩まされ、「エリザベス救貧法」ではもはや十分な対応ができなくなったことから、「ギルバート法」（1782年）による貧民の雇用斡旋や院外救済（在宅保護）、スピーナムランド制度（1795年）による院外救済の拡大などの新たな対策が講じられた。そうした対策の費用の財源として救貧税の負担が増大し、それへの不満が高まったこともあり、1834年には救貧法の大改正がなされ、新救貧法が成立した。この新救貧法は、①救貧行政を中央集権化して貧民処遇の一元化（行政基準の全国的統一）を図ること　②労働可能貧民の院外救済（在宅救済）を廃止して、救済を労役場収容に限定すること　③貧民の救済水準は、労働者の最低賃金水準以下とすることを原則とすること（劣等処遇の原則）などを定めていた。

その後、19世紀後半になると、イギリスは「世界の工場」として経済的な繁栄を誇ったが、一方で社会問題も深刻化し貧困者も増加した。そうした状況を背景に、1869年には、ロンドンに、慈善団体の連絡・調整・協力の組織化と貧民救済の適正化を目的として、慈善組織協会 (Charity Organization Society) が設立されている。

1－3　社会保険の嚆矢（19世紀のドイツ）

　ドイツはイギリスに比べると近代化・産業化の歩みが遅れたが、プロイセンを核としてドイツ帝国が成立（1871年）した。[2] 19世紀後半になると、産業化の進展とともに近代資本主義・市場経済のもたらした問題（人口の都市集中、物価高、労働者の低賃金、都市住民の住宅難など）も深刻化して労働争議や暴動が多発し、旧来からの相互扶助組織（共済組合、協同組合、労働組合の共済事業など）では対応が困難となっていった。そうした状況下で宰相に就任したビスマルクは、ドイツ国内の治安を維持し社会的安定を図るため、「飴と鞭」と呼ばれる政策を採用した。「鞭」は、1878年の「社会民主党の破壊的行動防止のための法律（社会主義者鎮圧法）」の制定などによる社会主義運動の弾圧であり、「飴」は、1883～1889年にかけて行われたビスマルク社会保険3部作と称される社会保険法（「疾病保険法」「労働災害保険法」「障害・老齢保険法」〈内容は年金保険法である〉の3法律）の制定である。この3法律が、世界における社会保険制度の嚆矢とされている。

1－4　民間福祉事業の発達
　　　（18世紀から20世紀初頭にかけてのアメリカ）

　アメリカは1776年にイギリスから独立したが、その救貧制度はイギリスの救貧法を模倣した部分が多かった。公的救貧制度の運営は地方自治体が中心となって行われたが、自由、自主、自助、そして自己責任の国アメリカでは、

貧窮防止協会、貧民生活状態改善協会など多くの民間慈善団体も生まれ活発な慈善活動が行われた。

1877年にはバッファロー（ニューヨーク州）に慈善組織協会が設立されて慈善活動の指導・調整・組織化や被援助者の自立支援のための友愛訪問などを行ったが、その後この動きは短期間のうちに全国の主要都市に広がっていった。また、1886年にはニューヨークにネイバーフッド・ギルドが創設され、1889年にはシカゴでジェーン・アダムスによりハル・ハウスが開設されるなどセツルメント運動[3]も活発化していった。

さらに、20世紀に入ると社会事業学校の設立が相次ぎ、1920年代の終わりには約40校が開校したが、そこでは、メアリー・リッチモンドが確立したケースワーク論などが教授された。こうして、20世紀初頭のアメリカの社会福祉においては、民間団体・事業者が中心となって、児童・精神障害者・非行少年などに対するケースワークを中心とした専門援助技術・処遇方法の向上に力が注がれることとなった。

1−5　リベラルリフォーム（20世紀初頭のイギリス）

イギリスでは、1906年に自由党政府が成立したが、同政府は、1911年にかけて複数の社会政策立法（学校給食法、学校保健法、児童法、無拠出の老齢年金法、職業紹介法など）を成立させ、従前の救貧法を中心とした体制を見直して積極的な社会改良策を展開した。この改革をリベラルリフォームという。このうち、社会保険に関しては、1911年に世界初の失業保険法（名称は「国民保険法」で疾病保険とセットのもの）が成立したことが注目される。

こうした改革を後押しした要素は幾つかあるが、その1つは、チャールズ・ブースがロンドンで、また、シーボーム・ラウントリーがヨークで行った社会調査（都市部の貧困調査）などにより、貧困の実態が明らかにされたことである。これらの調査は、貧困の悲惨さとその原因が個人的なものではなくむしろ社会的なものであることを中産階級に認識させた。また、もう1つに

は、当時漸進的社会改良を主張していたフェビアン協会を主導していたウエッブ夫妻が提唱したナショナル・ミニマム論(労働条件の最低限を定める共通規則という考え方を、社会全体の最低生活水準保障〈国民最低限の保障〉の考え方にまで拡張したもの)が世論に大きな影響を与えたことがある。さらに、その背景として、当時のイギリスが世界の最先進国であり、経済的にも政治的にもそうした改革を受け入れるだけの余裕をもっていたことがあげられよう。

1－6　世界大恐慌・第二次世界大戦と福祉

　資本主義経済の発達にともない福祉政策も徐々に進展していったが、その後、世界は、第一次世界大戦(1914～1918年)を経て、世界恐慌(1929年)、第二次世界大戦(1939～1945年)という危機に直面する。しかし、それらへの対応を迫られることで、さらに福祉政策が発展し第二次世界大戦後の福祉国家の誕生を促した一面があることも否定できない。

　アメリカでは、フランクリン・ルーズベルト大統領が、公共的支出による総需要拡大を唱えるケインズ理論に基づくニューディール(New Deal)政策を大恐慌対策として展開したが、公共事業とならびその柱となったのが社会保障の拡充であった。1935年には、①連邦直営の老齢年金　②州営失業保険への連邦補助　③州営の公的扶助・社会福祉サービスへの連邦補助、を内容とする、世界初の「社会保障法(Social Security Law)」が制定されている。

　また、イギリスでは、ウィンストン・チャーチル政権下で設置された戦後の社会保障の在り方を検討する委員会(委員長はウィリアム・ベヴァリッジ)の報告書として、1942年に「社会保険及び関連サービス(いわゆるベヴァリッジ報告)」が刊行された。同報告は、社会進歩を阻む5人の巨人として、窮乏、疾病、無知、陋隘(不潔)、無為(失業)の5つを挙げ、このうちの窮乏の解消を図るものとして社会保障(所得保障の意味)を位置づけた。具体的には、均一額の最低生活費給付、均一額の保険料拠出、行政の一元化など

の6つの基本原則に基づき、社会保険、国民扶助、付加的任意保険を組み合わせた所得保障制度体系を構築することが提案されている。同報告は、イギリスのみならず、戦後の世界各国の社会保障の発展に大きな影響を及ぼした。

さらに、国際労働機関（ILO）も、1942年に「社会保障への途」と題する報告を発表し、1944年には「国際労働機関の目的に関する宣言（いわゆるフィラデルフィア宣言）」、所得保障勧告及び医療保障勧告の3つの勧告を採択するなどして、社会保障の推進に努めた。

そして、この時期に、社会保障についての考え方は、①公的責任の強化 ②対象者の拡大（低所得者・労働者から国民全体へ）③個別的対応から総合的・体系的対応へ ④給付水準の引き上げ、といった方向に進化していったのである。

1－7　福祉国家の発達

上述のベヴァリッジ報告やフィラデルフィア宣言、さらに1945年にフランスで発表された社会保障プラン（ラロック・プラン）などを理念的背景として、第二次世界大戦後の西欧（イギリス、フランスなど）や北欧（スウェーデン、デンマークなど）に福祉国家[4]が成立した。

福祉国家とは、高度な産業化と経済成長を達成した先進的工業国にみられる国家形態であり、社会保障の拡充と完全雇用の達成を2本柱とする福祉政策が展開されるのが特徴である。また、経済的には混合経済体制（政府が国民生活保障のために市場へ積極的に関与する経済体制）を、政治的には大衆民主主義をベースとするとされる。

第二次世界大戦で戦勝国となったイギリスは、「ゆりかごから墓場までの福祉」を掲げた労働党政権の下で福祉国家への道を歩み始めた。1950年代には、国家扶助法、児童法、国民保健サービス（NHS）といった制度・政策が展開され、さらに、1960年代以降コミュニティケアや予防的社会サービスの充実、[5] 二階建て年金制（基礎年金プラス報酬比例年金）の導入などが行わ

れた。基本的に右肩上がりの経済成長を背景として、福祉政策が拡充された1950年代後半から1970年代前半の時期を「福祉国家の黄金時代」ということがある。

1－8　福祉国家の危機

　福祉国家の発達にともない社会保障・社会福祉を中心とした政府の支出が増大して[6]、いわゆる「大きな政府」となるにつれ、政策の非効率性や硬直性の増大、租税や社会保険料負担の過重（感）といった弊害も目立つようになってきた。このため、1973年と1979年の2度のオイルショック（石油危機）を契機とする経済成長の鈍化と国家財政の深刻化を背景として、1970年代後半から1980年代にかけて、各国において、福祉政策を縮減し、その支出を抑制する方向での見直しが進められたが、その行き過ぎを懸念する側からは「福祉国家の危機」との批判もなされた。

　具体的には、マーガレット・サッチャー保守党政権（イギリス）によるNHSへの競争原理・市場原理の導入やコミュニティケアの改革、ロナルド・レーガン共和党政権（アメリカ）による要扶養児童家庭扶助やフードスタンプについての所得制限の強化、中曽根康弘政権（日本）による健康保険被保険者本人の1割負担導入などが行われた。こうした見直しを理念的に支えたのは、新保守主義あるいは新自由主義と呼ばれる、自立と自己責任の強調、市場経済の重視、規制緩和の推進賛成、小さな政府指向、平等よりも効率重視といった特徴を持つ思想であった。

　また、新保守主義・新自由主義とは別の思想的流れとして、1970年代後半のイギリスにおいて、公的な社会保障・社会福祉の限界を指摘した上で、特に福祉サービスの提供に関しては、公的部門（政府・行政）だけでなく、民間営利部門（企業・市場）、民間非営利部門（日本の場合だと社会福祉法人、NPO法人など）、インフォーマル部門（家庭、近隣、ボランティアなど）の力をバランスよく組み合わせていくことが重要であるとする「福祉多元主義」、

あるいは「福祉ミックス論」と呼ばれる考え方が生まれ広まったことも、結果的には、非政府部門による福祉提供を促進することとなった。

1－9　21世紀の福祉　―新たな福祉ヴィジョンの模索―

　福祉国家の危機といわれた時期において福祉政策に係る経費は厳しく抑制されたが、しかし絶対額において純減（マイナス）とまでされたことはほとんどなかった。それは、1つには、社会保障・社会福祉が人々の生活を支えるセーフティネットとして各国の経済社会に深く組み込まれていて、それをなくしたり抜本的に削減したりすることは不可能であったからであり、また、もう1つには、高齢化の進行などにともなう経費の（いわば自然増の）増加圧力が極めて強かったからでもあった。その意味で、福祉国家の危機といっても、当時の政府による政策の見直しと経費の抑制は、福祉国家の解体を招くようなものではなかったといえる。

　しかし、その後1990年代に入ってから21世紀の現在に至るまで、高齢化の進行、経済の低成長、国家財政の深刻化といった福祉国家を取り巻く諸条件はほとんど変化していないか、むしろ深刻さの度合いを強めている。さらに、これらに加えて、①ポスト産業社会への移行（工業・生産・モノ中心の社会から、サービス業・消費・情報や知識中心の社会への移行）②グローバル化（経済・政治・情報・文化・環境・社会問題などにおけるさまざまな要素が、一国の枠組みを超えて地球的規模で流通・拡大・交流・融合すること）③リスク社会化（現代社会が、リスク －ある行動により危険や損害を被る可能性－が構造的に増大し、しかも、複雑化・予測困難化・不特定化・不可避化している社会になりつつあること）、といった新たな経済社会の変化も生じつつある。これらの変化の影響を受けて、フルタイムの終身雇用を想定した完全雇用政策が維持できなくなり、その結果それを前提とした社会保障制度のほころびにも歯止めがかけられないことこそが、現在の福祉国家の危機なのかもしれない。

こうしたなか、各国は、21世紀に適合的な福祉政策のヴィジョンを模索している状況にある。それは、サッチャーの後継者である保守党のジョン・メージャーを総選挙で破り、イギリスの首相となった労働党のトニー・ブレア（在任期間は1997～2007年）が自らの政策路線（市場の効率性を重視しつつも、政府が公正を担保するための補正を行うとの路線）を「第三の道」と称したことからも予想されるように、新保守主義的・新自由主義的政策の徹底（小さな政府）でもなければ、黄金時代の福祉国家の政策への単純な回帰（大きな政府）でもないであろう。基本的には、両者の中道を探ることになると考えられるが、[7]その適正な具体的バランスは、まだどの国においても見出されておらず今後の課題となっている。

2．日本における発達過程

2－1　近代国家への歩みと福祉（明治・大正期）

江戸時代の日本は、中世・近世のヨーロッパと同様、基本的に農業中心の封建社会であり、生活上の困難・障害への主たる対応は、家族・親族を中心とした血縁共同体や近隣住民・村落を単位とした地縁共同体の相互扶助が中心的なものであったが、この他に、儒教の仁人思想を背景として、領主による慈恵的施策なども行われた。

明治維新を迎えて、日本も欧米諸国を模倣しながら近代国家としての道を歩み始めることになるが、その最優先課題は「富国強兵」のスローガンからも明らかなとおり、工業化による経済発展と軍事力の整備であり、福祉政策に係るものとしては、最低限の救貧制度として1874年に恤救規則（じゅっきゅう）が定められた程度であった。同規則は政府による初の救貧法制であったが、救済の基本を「人民相互ノ情宜」（住民の相互扶助）に置いた上で、救済対象者の制限列挙、稼働能力ある者の救済からの排除、私的扶養の優先、給付の期間制限などを定めた、極めて慈恵的・限定的性格が強いものであった。同規則は

1929年に救護法が成立するまでの半世紀余りの間、ほとんど唯一の公的救貧法制として機能した。この他、明治期においては保健・医療の基盤整備に力が注がれ、1874年にわが国の近代医療制度の基本を規定した「医制」が、また、1897年には伝染病予防法が制定されている。

日清戦争・日露戦争を経て、大正期（1911〜1925年）に入ると、産業化・資本主義の進展にともない貧困問題などの社会的矛盾が深刻化するとともに、民衆の政治的自覚も高まった。国外では第一次世界大戦中の1917年にロシア革命が起き、社会主義の革命政府が樹立されたことや、国内では1918年に米価の暴騰を契機に米騒動が発生したことから、労働運動・社会運動が活発化した。このため、政府は社会不安を沈静化するべく、ビスマルクの「飴と鞭」政策に倣って、1922年に工場労働者などを対象とした医療保険制度として「健康保険法」を制定し（施行は1927年）、他方で、1925年には「治安維持法」を公布した。また、同じくドイツのエルバーフェルト制度などを参考に、岡山県の済世顧問制度（1917年）、大阪府の方面委員制度（1918年）、を皮切りに民間による制度を発足させ、中産階級による貧困者の救済と教化を図った。

2−2　昭和恐慌と第二次世界大戦

昭和前期（1925〜1945年）の福祉政策は、当初は昭和恐慌による国民生活の困窮への対応として企図されたが、やがて、中国と戦争状態に入りさらにアメリカなどとの間で太平洋戦争（第二次世界大戦の一局面）に突入すると、福祉政策も戦争遂行のための一環として国家統制が強化された。しかし、そのことで、結果的に現行制度・政策の前身・土台が形成された面もある。

1929年にアメリカで起こった世界大恐慌は、日本の経済社会にも深刻な影響を与え（昭和恐慌）、多くの失業者が発生した。また、農村部の小作農・中小自作農や都市部の下層労働者・中小商工業者などの中・低所得者層を中心に多くの国民の生活は困窮した。こうした状況のなかで、1929年には恤救規則が廃止され、新たな救貧法制として救護法が制定された。同法では、恤

救規則よりも救助の種類・形態が拡充・近代化されるとともに、給付要件も緩和されている。しかし、国民の権利としての救済を認めないという点では、基本的性格は恤救規則と変わらなかった。

　1933年頃からは、恐慌下の農村部・都市部の中・低所得住民の医療費負担軽減を図るため、「国民健康保険法」の検討が開始されたが、1931年の満州事変以降の日本と中国の対立が1937年7月の盧溝橋事件を契機に全面的な日中戦争に拡大したことにともない、同法は次第にその制定目的を壮健な兵士と労働者の養成（いわゆる健兵健民）に変え、1938年に成立した。また、そうした時代背景の下、同年には、厚生省が設立され、「社会事業法」や「国家総動員法」も公布されている。さらに、1941年には「労働者年金保険法」が制定され、同法は、太平洋戦争（当時の名称は大東亜戦争）開戦後の1944年に厚生年金保険法と改称された。

2－3　第二次世界大戦後の窮乏と福祉

　1945年8月に戦争に敗れた日本は、アメリカを中心とする連合軍の占領下で戦後の混乱・窮乏からの復興に努めることとなる。福祉政策も当初は国民の最低生活を確保するための緊急対策に重点が置かれたが、1946年に日本国憲法が公布されて生存権を中心とする社会保障の理念が示され、さらに1950年の社会保障制度審議会の勧告（社会保障制度に関する勧告）により社会保障の方向性が示されると、それらに基づく社会保障制度の基盤整備が図られるようになった。

　具体的な制度として、社会福祉の分野では、戦災孤児、戦争による障害者、戦後の混乱の中で急増した貧困者の救済を図るべく、「児童福祉法」（1947年）、「身体障害者福祉法」（1949年）、「生活保護法」（1950年）[8]の福祉三法が制定され、さらに、1951年には戦後の社会福祉事業の骨格を形づくる「社会福祉事業法」（現在の社会福祉法の前身）が制定された。

　この他、1947年には労働省が設置され、「労働基準法」「職業安定法」「労

働者災害補償保険法」「失業保険法」などの労働法制が整備された。また、保健・医療体制を再建するため、1948年には「医療法」「医師法」「薬事法」などが制定されている。

2−4　高度経済成長と福祉

　1950年代後半から1970年代前半にかけての日本は、戦争の痛手から回復し、経済の高度成長期を迎え、国民の生活水準も向上した。他方で、人口の都市集中にともなう過密・過疎の発生や地域の生活環境の悪化、核家族化の進展にともなう私的扶養能力の低下といった新たな生活問題も発生した。そうしたなか、経済成長の果実の一部を分配することで、社会保障・社会福祉の制度が整備され、給付の拡充が図られたのである。

　社会保険の分野では、1958年に現行の「国民健康保険法」が、翌1959年に農業者や自営業者を対象とした公的年金制度である「国民年金法」が制定され、両法が完全実施された1961年には、国民皆保険・国民皆年金が達成された。[9] また、社会福祉分野では、「精神薄弱者福祉法」（1960年、現在の「知的障害者福祉法」）、「老人福祉法」（1963年）、「母子福祉法」（1964年、現在の「母子及び寡婦福祉法」）の3法律が制定され、福祉六法体制が一応の完成をみた。さらに、1971年には「児童手当法」が制定されている。

　そして、「福祉元年」と称された1973年には、医療分野では健康保険の家族給付率の5割から7割への引上げ、高額療養費制度の創設、いわゆる老人医療費の無料化などが、また、年金分野では（標準的年金額としての）5万円年金の実現（年金額の引上げ）、物価スライド制の導入、年金額算定の際の過去の標準報酬の賃金上昇率に応じた再評価制度（賃金スライド制）の導入などが行われ、給付の大幅な改善が図られた。

2−5　低成長時代への移行と福祉

　皮肉にも「福祉元年」と称された1973年と1979年に起きた2度のオイルショック（石油危機、石油価格の急騰を契機とするインフレその他の経済混乱）により高度経済成長に終止符が打たれたため、「福祉2年」は幻に終わった。その後の日本は、次第に重みを増す高齢化の圧力の下で、経済の低成長と国・地方の財政悪化に苦しみながら、行財政改革による財政再建・経済活性化を模索することになった。そして、その一環として、中曽根康弘内閣（在任期間は1982〜1987年）における第2次臨時行政調査会（臨調）路線に沿って、民間部門の活力を活用することで公的部門の守備範囲を狭め公的経費を抑制する方向での社会保障・社会福祉制度の見直しが進められたのである。

　具体的には、中曽根内閣発足直前に成立した「老人保健法」の施行（1983年）により老人医療費についての医療保険者間の実質的な財政調整が導入されるとともに、老人についての患者一部負担が復活した。1984年には、健康保険法を始めとする医療保険制度の大改正により、健保の被保険者本人の患者1割負担の導入や退職者医療制度の創設などが行われた。また、1985年には、基礎年金制度の創設、女性の年金権の確立（第3号被保険者制度）、給付と負担の適正化などを内容とする年金制度の大改正が成立している。さらに、社会福祉分野に目を転じると、1980年代以降、従来の施設中心の福祉から在宅福祉、さらには地域福祉へと重点を移行すべきことが主張されるのとあわせて、高齢者の在宅福祉サービスや保育・子育て支援サービスの分野を中心に、営利企業を含む民間サービス事業者の参入が政策的に推進されるようなったことが注目されよう。

2−6　平成期における福祉の展開

　日本における高齢化の進行、経済の低成長、財政の深刻化といった状況は、前述した欧米諸国と同様、平成期（1989年〜）に入っても変化はなく、それ

に加え、日本が、少子化の進行や脱産業社会化・グローバル化・リスク社会化と、それにともなう就業構造や家族形態の変化といった新たな課題に直面しつつあることも、他の多くの先進諸国と共通している。このため、こうした課題に対応して、社会保障・社会福祉の制度・政策の見直し（構造改革）を不断に行っていかなければならない状況も変わっていない。

社会福祉分野では、1989年の「高齢者保健福祉推進10カ年戦略（ゴールドプラン）」策定を皮切りに現在に至るまで、高齢者・児童・障害者の福祉3プランが順次策定・推進されると同時に、老人福祉法など福祉八法改正（1990年）、「介護保険法」制定（1997年）、「社会福祉事業法」の「社会福祉法」への改正などの社会福祉基礎構造改革にともなう法改正（2000年）、介護保険法の改正と「障害者自立支援法」の制定（2005年）といった大改革が数年おきに行われた。

社会保険分野も事情は同様であって、主な改正だけみても、医療保険制度においては、1994年、1997年、2000年、2002年、2006年と、年金保険制度においては、1994年、2000年、2004年と改正が繰り返されてきた。

これらの改正は、給付・サービスの見直しや負担の適正化の具体的内容はそれぞれ異なるものの、基本的には、年々厳しくなる傾向にある経済・財政状況を前提としつつ制度の持続可能性をいかに確保するかという点に最大の重点を置いた改正であった点では、共通する面があったと評価することができよう。しかし、既に述べたように、そうしたいわば守りの改正が、国民間の格差の拡大や安全網としての機能不全、それにともなう福祉制度に対する国民の不信感を招いて、限界に近づきつつあることも事実であり、最近では「今後は、社会経済構造の変化に対応し、『必要なサービスを保障し、国民の安心と安全を確保するための「社会保障の機能強化」』に重点を置いた改革を進めていくことが必要である」といった転換を求める主張（社会保障国民会議最終報告〈2008年11月4日〉）もでてきている。　　　　　　（新田秀樹）

〔註〕
1）これは、わが国では「（狭義の）社会保障」の概念にほぼ重なる。
2）ドイツ帝国成立の前後から帝国法制などによる貧困者、傷病者、孤児などの救済も徐々に進められた。有名なものとして、1852年にエルバーフェルト市が条例を制定して市内を546の区域に分け、各区に1人ずつのボランティア委員を配置したエルバーフェルト制度がある。この制度は、わが国の民生委員制度の前身である方面委員制度にも影響を与えた。
3）セツルメントとは、スラム街など劣悪な環境条件の地域に、地域の問題への対応を講じることのできる専門家や知識人が常駐し、地域住民のニーズを踏まえて適切な援助活動を行うための施設（またはその活動）をいう。1870年代のイギリスでアーノルド・トインビーがセツルメント運動を提唱したのが始まりとされ、1884年にはロンドンに世界初のセツルメントであるトインビー・ホールが設立された。
4）「福祉国家 (Welfare State)」という言葉自体は、ナチスドイツの「戦争国家 (Warfare State)」と対照させる形で、1940年代前半から使用されたといわれる。
5）1968年には、地方自治体の社会サービス部局の再編によりコミュニティケアの拡充を図ることを内容とした「シーボーム報告」が発表されている。
6）政府支出増大の原因の一つには、高齢化の進行がある。
7）日本では、2002年に成立した小泉純一郎内閣（在任期間は2002～2006年）においても新自由主義的立場からの施策が進められたが、その結果、国民間の格差の拡大やセーフティネットの綻びが目立つようになったため、最近になって格差是正の方向への政策転換が多少図られつつある。
8）1946年に救護法に代わるものとして旧生活保護法が制定されたが、その後公布された憲法の規定などを踏まえ、より権利性の強いものに改めることとなり、現行の生活保護法が制定された。
9）その後、高度経済成長期においては、医療保険の給付率の引上げ、年金給付水準の引上げなどの給付の改善が何回か行われた。

参考文献
＊足立正樹編著『各国の社会保障〔第3版〕』法律文化社、2003年
＊池田敬正『日本社会福祉史』法律文化社、1986年
＊柳川洋・山田知子他編『社会福祉マニュアル』南山堂、2006年
＊横山和彦・田多英範編著『日本社会保障の歴史』学文社、1991年
＊吉田久一・岡田英己子『社会福祉思想史入門』勁草書房、2000年

第3章
福祉政策の概念と構成要素

Key words:
福祉政策の価値・対象・内容、政府組織と民間組織、自立・自律支援、効率性と公平性、人間の尊厳

　福祉政策の意味は多義的であるが、日常生活上の不便・困難への支援を要する者に対し、一定の価値・理念に基づき、具体的支援策を決定・実施していくシステムとして、一応とらえ得る。その構成要素としては、政策の価値、政策の対象、政策の具体的内容の3システムがあり、また、主な主体・組織としては、政府組織（国、地方公共団体など）、民間非営利組織（社会福祉法人、NPO法人など）、民間営利組織（株式会社など）の3つがあげられる。福祉政策の論点には、自立と依存、自己決定、ニーズ、効率、公平、ジェンダーなどシステムごとにさまざまなものがあるが、政策の実現に当たっては、「人間の尊厳」に配慮した「自立・自律支援」を基本理念とする必要がある。

1. 福祉政策と福祉制度

1－1　福祉政策とは

　福祉政策とは「福祉の政策」ないし「福祉に関する政策」のことであるから、福祉政策の概念を明らかにするためには、「福祉」と「政策」の意味を知る必要がある。

　語義的には、福祉の「福」も「祉」も「神から恵まれた豊かさ・幸い」から転じて、広く「幸せ・幸い」を意味するとされ、また、英語の「welfare」は「健康で快適な人生航路ないし状況」を意味するとされるが、社会科学的には「日常生活における生活上のニーズの充足の度合」といった意味合いで用いられることが多い。

　しかし、福祉政策における福祉は、通常は、単なる福祉ではなく「社会福祉」という意味で用いられている。社会福祉とは、一言でいえば「日常生活における生活上のニーズを充足させるための（個人としてではなく）社会としての努力・方策」ということであるが、その定義は、各国の歴史的・政治的・経済的・社会的・文化的諸条件に応じて広狭さまざまに定義され、確立したものはない。広義では、たとえば「個人が社会生活をしていく上で遭遇する障害や困難に対して、政府、地域社会、個人などが独自にあるいは相互に協働しながら、これを解決あるいは緩和していくための諸活動の総体あるいはそのような生活を目標とすること」[1]などと定義されるが、傷病に対する医療の提供活動は暗黙のうちに除外されるのが通例である。他方、わが国の法制度や行政実務においては、社会福祉は、社会保険や公的扶助とならぶ社会保障[2]の一分野として位置づけられることが多いが、その場合には、社会福祉という言葉は、「障害者・高齢者など日常生活上の一定の不便・困難にさらされたさまざまな人々に対して、主として（医療以外の）人的な生活支援サービスを提供すること」といった最狭義の意味で用いられている。なお、歴史的にみれば、社会福祉の各制度は、公的扶助の中の低所得の児童・

障害者・高齢者などに対する福祉サービス提供の仕組みが公的扶助から分離・独立し、低所得者以外の者にも普遍化していくことで成立したものであることから、最狭義の社会福祉に公的扶助も含めた狭義の意味で「社会福祉」あるいは「福祉」という言葉を使うこともある（例：社会福祉事業、福祉六法）。このように「（社会）福祉」の意味は多義的であるが、以下本章では、その意味を基本的に最狭義ないし狭義の社会福祉の意味で用いることとしたい。

政策とは、公共的な主体（通常は政府や政党）が、社会におけるさまざまな問題を解明・解決しようとして作成し、実行しようとする体系的な諸方策（当該方策がめざす目標や方策実現のための具体的手段も含む）のことをいう。したがって、福祉政策とは、上記のような意味の「福祉」に関する「政策」ということになる。

1-2 福祉制度

福祉制度とは「福祉の制度」ないし「福祉に関する制度」のことであるが、「福祉」の意味については既に述べたので、「制度」の意味を確認しておこう。制度とは、ある社会集団において、当該集団の構成員が、決まり事・約束事として守り、従っている定型化・定式化された行動様式のことをいう。ある行動様式を決まり事・約束事とする（＝制度化する）ための手続き[3]にはさまざまなものがあり得るが、日本を含む現代国家は基本的に法治国家であることから、国民全体に関わる国家レベルの制度は、原則として、法（具体的には、憲法、法律、政令など）[4]によって定められている。このため、「制度」のことを「法制度」ともいう。

福祉政策と福祉制度の違いは政策と制度の違いということになるが、上記のような理解からすれば、政策とされるさまざまな方策のうち法により定められた方策が制度ということになろう。たとえば、高齢者の訪問介護（ホームヘルプサービス）事業の前身である家庭奉仕員派遣事業は、当初は法ではなく通達[5]に基づく予算措置により実施されていたが、1963年に老人福祉法

が制定されて法律で規定された事業となった。この場合、通達により行われていた家庭奉仕員派遣事業は福祉政策ではあっても福祉制度ではなかったが、法律に規定されたことで福祉制度となった（制度化された）と解される。したがって、福祉制度は福祉政策の中核的部分ではあるが、その範囲は福祉政策よりも狭いということになろう。もっとも、実際には、福祉制度と福祉政策との境界がはっきりしない場合もあり、行政実務や福祉の現場でも福祉制度と福祉政策が必ずしも明確に使い分けられている訳ではない。

2．福祉政策の構成要素

1．で述べた狭義の社会福祉に関する政策という意味での福祉政策の構成要素のとらえ方については、主たる分析の視点を政治学、公共政策学、行政学、法学、経済学、社会学などのいずれに置くかによりさまざまなとらえ方が可能であろうが、総合的・学際的な実践の学である社会福祉学の立場からは、福祉政策の具体的な展開に沿ってその構成要素を考えることが適当であろう。そうした観点からみると、福祉政策は、日常生活上の一定の不便・困難への支援を必要とする人々に対し、一定の価値に基づいて、具体的な支援策を企画し決定し実施していくプロセスないしシステムとしてとらえることができる。そうだとすれば、福祉政策を構成する要素として、大きくは、

①政策の価値（のシステム）
②政策の対象（のシステム）
③政策の具体的な内容（のシステム）

の3つをあげることができるだろう。

政策の価値（のシステム）とは、社会福祉の理念・目的、あるいはそれをさらに個別的・具体的なものにブレイクダウンした目標・課題といった社会福祉が実現しようとする価値（の体系）のことである。

政策の対象（のシステム）とは、直接的には、日常生活上の一定の不便・困難への支援を必要とする人々のことである。これが実際の社会福祉サービ

ス利用者として具体化・顕在化すれば、それは利用者の集団ないし組織（の体系）ということになるし、顕在化する前であれば、それは社会福祉サービスの潜在的利用者でもあり、また、福祉施策の決定やサービス提供の各過程への参加者でもある市民集団やその組織（の体系）ということになる。さらに、これらの人々が抱える生活上の問題やニーズに焦点をあてれば、政策の対象（のシステム）を、生活問題、福祉ニーズ、福祉サービスの利用条件（例：要保護性、要介護性、要保育性）といった社会福祉の対象・客体に関わる状況・要件（の体系）としてとらえることもできよう。

政策の具体的な内容（のシステム）とは、「(a) 政策の企画・立案・決定 → (b) 政策の執行・運用（より細かくは、〈b-ⅰ〉政策或いは制度全体の運営→〈b-ⅱ〉個別具体的事業の実施）→ (c) 事業の現場における個々の利用者に対する援助・サービスの提供という実践（利用の支援も含む）」の各レベルを担う、上述の一定の価値・理念により秩序づけられた（種々の）組織とその活動の総体のことである。そして、このシステム（以下「個別的施策システム」という）は、資源という観点からみれば、システムの全レベルを通じて、また各レベルにおいて、権限、人員、資金、物資、情報といった要素により構成されている。

3．福祉政策の主体と組織

3－1　福祉政策の主体と組織の分類

福祉政策、とくに個別的施策システムにおいては、システムの各レベルにおいて施策実現のためのさまざまな活動をになう主体ないし組織が何かということが重要になる。[6]現実の活動においては、国、都道府県、市町村、広域連合、福祉公社、社会福祉法人、医療法人、生活協同組合、農業協同組合、NPO（特定非営利活動）法人、株式会社、市民団体、ボランティア団体、町内会、個人（サービス利用者本人）とその家族など多くの主体や組織が関わっ

ており、その整理分類の仕方にもさまざまなものがあり得る[7]が、本章では、公的ないし公権力的性格の強弱に着目して政府組織と民間（非政府）組織に区分した上で、さらに民間組織を、営利性（利益を上げ、それを構成員で分配すること）の強弱に着目して民間営利組織と民間非営利組織に区分し、それぞれが福祉政策において果たしている役割をみていくこととしたい。[8]

3－2　政府組織の役割

　政府は、広義では、立法・行政・司法の三権を包括した国家の統治機関を指し、狭義では、そのうちの行政権を担う機関（行政府）を指すことが多い。福祉政策の分野においては、政府は、基本的に公的・非営利・フォーマルな組織であり、「(a) 政策の企画・立案・決定 (b) 政策の執行・運用 (c) 援助・サービスの提供・実践」という個別的施策システム全体にわたって存在し、企画・立案・決定レベルでは独占的な、また執行・運用レベルでは中核的な、そして提供・実践レベルでも重要な役割を果たしている。

　政府（広義の国家）は、中央政府（狭義の国）と地方政府（その主なものは都道府県および市町村）に区分され、福祉政策についての権限（中心的なものは行政権）を分担して行使している。大まかな分担をいえば、社会福祉行政のうち、①国が、全国レベルの政策・制度の企画・立案やその運営基本方針の策定、福祉サービス・施設についての全国共通の最低基準（ナショナルミニマム）の設定、都道府県間の利害調整や不合理な格差の是正、都道府県に対する支援や助言などを担当し②都道府県が、（県内の）市町村間の連絡調整や市町村に対する情報提供・助言などの援助のほか、専門的または（県レベルで）広域的に行う必要のある福祉サービスの提供に関わる行政を担当し③市町村が、その市町村の地域特性を踏まえつつ、個々の住民に対する直接的・具体的な福祉サービスの提供に関わる行政を担当している。[9]、[10]
　とくに、近年は、地方分権推進の流れのなかで、具体的な福祉サービスの提供に関わる行政は、住民に最も身近な行政主体である市町村にできる限り行っ

てもらう方向性が強まっている。こうした社会福祉行政に係る事務の多くは、国から都道府県や市町村に委託された事務（法定受託事務）としてではなく、地方自治体である都道府県や市町村の本来の事務（自治事務）として行われている。

　この社会福祉行政を遂行する中心的な組織として、国には厚生労働省が、都道府県には都道府県庁の内部部局（例：民生部、県民福祉部）のほか福祉事務所や各種相談所（児童相談所、身体障害者更生相談所など）が、市町村には内部部局（例：住民福祉課）のほか福祉事務所（ただし町村については設置は任意）が設置されている。

　福祉事務所は正確には「福祉に関する事務所」という。社会福祉事業法（現在の社会福祉法の前身）により、一定地域における社会福祉関係の措置などの事務を行う特別の現業機関として設置されたもので、「社会福祉行政の第一線機関」とも呼ばれている。

3－3　民間非営利組織の役割

　民間非営利組織は、基本的に非公的・非営利の組織であり、フォーマルなものとインフォーマルなものとがある。何らかの公共的あるいは公益的な活動目的を持つものが多い。福祉政策の分野においては、民間非営利組織は、基本的に、個別的施策システムのうちの「(c) 援助・サービスの提供・実践」のレベルで、地方政府と並んで、重要な役割を果たしているが、「〈b-ⅱ〉個別具体的事業の実施」にも一部関わっている。[11]

　具体的な民間非営利組織としては、社会福祉法人、医療法人、生活協同組合、農業協同組合、NPO（特定非営利活動）法人、市民団体、ボランティア団体、町内会などさまざまなものがあるが、ここでは、その代表格である社会福祉法人と、近年注目されることの多いNPO（特定非営利活動）法人について簡単に述べておく。

1）社会福祉法人

　社会福祉法人とは、社会福祉事業を行うことを目的として社会福祉法の規定に基づき設立された法人（自然人以外のもので、自然人と同様に権利や義務の主体となれる資格を法律により認められたもの）である。[12] 社会福祉法人の設立には都道府県知事などの認可が必要で、資産や役員などについての一定の規制があり、民法その他の法律の規定に基づき設立される一般法人あるいは公益法人よりも強い行政庁の監督に服する一方で、公的な助成（補助金や低利融資）や税制上の優遇措置を受けることができる。社会福祉法人は、社会福祉法上は社会福祉事業の主たるにない手と位置づけられており、その性格は、公益目的の非営利法人であるといえよう。

　社会福祉法人が主としてになうことが期待されている社会福祉事業は、社会福祉についての基本的共通事項を定めることで、社会福祉制度全体の基盤としての役割を果たしている社会福祉法により規定されている。同法は、社会福祉サービスを提供する事業の主なものを「社会福祉事業」と呼び、これをさらに第1種社会福祉事業と第2種社会福祉事業に区分した上で、それぞれに属する具体的な事業名を個別に列挙している。第1種社会福祉事業は、利用者の人権擁護の観点から相対的に強い公的規制が必要とされる事業のことで、利用者がそこで生活の大部分を過ごす入所施設の経営事業や、弱い立場の借り手が不当に搾取される恐れのある経済保護事業（生計困難者に対する無利子または低利の資金貸付け）などがあげられている。第2種社会福祉事業は、人権侵害の危険性が第1種社会福祉事業よりは少ないとされる事業のことで、在宅サービスの運営事業、通所施設の経営事業、相談援助事業などが含まれている。

　第1種社会福祉事業は、原則として、国・地方公共団体（都道府県や市町村）・社会福祉法人しか経営できない。それ以外の者が第1種社会福祉事業を行おうとするときは、事業開始前に都道府県知事の許可を受ける必要がある。これに対し、第2種社会福祉事業については事業の経営主体の限定はなく、国・都道府県以外の者が事業を行おうとする場合でも、事業開始後1カ

月以内に都道府県知事に届け出れば足りることとされている。

2）NPO（特定非営利活動）法人

　NPOとは、1990年代に米国から入ってきたNon Profit Organization（民間非営利組織）の略称で、①民間団体であって、政府の組織・公的な組織ではない　②営利を目的としない　③何らかの公益目的・社会的使命(mission)を有するといった特徴を持つ組織[13]のことである。ミッションは福祉目的に限られるわけではなく、医療、環境、文化、安全、国際協力などさまざまなものがあり得る。[14]

　このNPOに法人格（法律上の権利・義務関係の主体となれる資格）を（何らかの法律に基づき）与えたものがNPO法人であるが、わが国では「特定非営利活動促進法（いわゆるNPO法）」という法律の規定に基づき法人が設立されるので、正確には特定非営利活動法人と称する。すなわち、特定非営利活動（保健・医療・福祉の増進、まちづくりの推進、環境保全、子どもの健全育成、人権擁護または平和推進、国際協力など17分野に該当する活動であって、不特定多数の者の利益の増進に寄与することを目的とするもの）を行うことを主目的とし、特定非営利活動促進法に定める一定の要件を満たした法人のことをいう。現在は、社会福祉分野における援助・サービスの提供・実践（サービスの利用支援を含む）に関しても、特定非営利活動法人が、民間組織ならではの先駆性・開拓性・柔軟性といった特長を活かして、公的な社会福祉と連携しつつも公的社会福祉とは異なる独自の事業活動を展開し、福祉社会の形成に寄与していくことが期待されているといえよう。

3－4　民間営利組織の役割

　民間営利組織は、基本的に営利組織であり、フォーマルなものもインフォーマルなものもあるが、その代表格は株式会社である。

　福祉政策の分野における個別的施策システムのうちの主として「(c) 援助・

サービスの提供・実践」のレベルにおいては、第二次世界大戦後長い間、基本的に、国・地方公共団体（都道府県及び市町村）・社会福祉法人の３者が中心的な活動主体であった。しかし、近年、福祉サービスに対する国民のニーズの高まりや規制緩和の流れを背景に、特に第２種社会福祉事業については、高齢者に対する在宅福祉サービスや保育・子育て支援の領域を中心に、地方公共団体や社会福祉法人以外の多様な事業主体がサービス提供を行うようになってきている（サービス提供主体の多元化）。こうした流れのなかで、株式会社を中心とする民間営利組織も、この「(c) 援助・サービスの提供・実践」のレベルにおいて、1980年代以降、とりわけ2000年の介護保険導入後は、急速にその存在感を高めつつあり、今や福祉サービスの有力な供給主体として無視できない役割をになっている。

そして、この株式会社は「市場」[15]の中心的なアクター（行為者・主体）であることからすれば、福祉サービス供給者としての株式会社の比重の高まりは、「政府から市場へ」という経済社会全般の傾向の福祉分野における反映、あるいは市場原理の福祉領域への浸透を体現するものといえよう。

しかし、これに問題がないわけではない。株式会社などの民間営利組織による福祉サービスの提供については、従来から、福祉サービスは国民生活に必要不可欠なサービスであるが、利潤の獲得とその分配を一義的な目的とする。したがって採算の見込めない地域や事業分野での福祉サービス提供は基本的に行わないであろう営利企業が、利用者の立場に立ったサービス提供を本当に行うことができるのか、福祉サービスの利用者には、高齢や心身の障害などのために適切な判断・決定ができない人も多いが、そうした人たちが、対等の契約当事者として営利企業とサービス提供契約を結べるとするのは無理があるのではないか、といった批判がなされている。

だが、現実には、サービス提供主体の多元化の流れは、今後さらに加速していくことが予想される。したがって、福祉サービスの利用者が適切にサービスを選択しそれを確実に利用できるようにするためには、①良質な福祉サービスが十分に供給されること　②利用者がサービス提供事業者と対等の立場

で契約できるように支援しその権利を守ること（利用者の権利擁護）③地域や事業分野の如何にかかわらず、また、採算の有無にかかわらず、最低限必要な福祉サービスが提供されていること（ミニマムのセーフティネットの構築・維持）が重要になってこよう。そうした意味では、「(a) 政策の企画・立案・決定」および「(b) 政策の執行・運用」のレベルにおける政府の責任は、これまで以上に重くなっていくものと考えられる。

3－5　国民（個人）の役割

　国民は、国家の所属員であり、その国の国籍を有することにより国家と一定の権利義務関係に立つ者（個人）を指すが、個人の統合体を国民と称する場合もある。日本国憲法においては、国民は個人として尊重され、生命・自由・幸福追求に関する権利を最大限尊重されるとともに（第13条）、納税の義務を負う（第30条）と定められ、また、国政の主権者として位置づけられている（前文）。

　国民（個人）は組織とはいえないが、こうした憲法の規定を踏まえれば、福祉政策（社会福祉）の領域における国民は、福祉政策・制度からの援助・サービスを受ける権利を有するとともに、費用の負担や政策の決定・運営・実践への参加を通じてそうした制度を築き支えていく責務を有する主体として、重要な役割をになっているといえよう。

　個別の社会福祉法制においては、こうした国民の役割（の一部）をとらえて、たとえば「すべて国民は、保護を無差別平等に受けることができる」（生活保護法第2条）、「国民は、介護保険事業に要する費用を公平に負担する」（介護保険法第4条）、「市町村は、市町村障害福祉計画を定めるときは、住民の意見を反映させるために必要な措置を講ずる」（障害者自立支援法第88条）、「国民は、障害者の福祉の増進に協力するよう努めなければならない」（障害者基本法第6条）、「地域住民は、地域福祉の推進に努めなければならない」（社会福祉法第4条）といった規定（要旨）が置かれている。

4．福祉政策の論点

既に述べたように、福祉政策は、日常生活上の一定の不便・困難への支援を必要とする人々に対し、一定の価値・理念に基づいて、具体的な支援策を企画し決定し実施していくプロセスないしシステムであることから、政策の、①価値・理念 ②対象 ③内容・手法のそれぞれについてさまざまな論点が存在するが、本章では、そのなかで議論にあがることの多い論点を幾つか取り上げて解説を加えることとしたい。

4－1　自立と依存

「自立」とは、語義的には、他者から一切援助を受けず何でも自力で行うという意味であり、「依存」とは逆に他者からの援助に頼るという意味である。[16] 福祉政策においても、自立と依存のバランスのとり方は、個別的施策システムの各レベルで大きな問題となる。その場合、従前の生活保護行政や母子・寡婦福祉行政のように金銭の支給や貸付けを中心とした分野では、自立とは経済的自立のことであるとの考えのもと、前記のような自立論（消極的自立論）が主張されることが多かった。

しかし、障害者福祉の分野における自立生活運動（Independent Living運動）の進展やノーマライゼーションの思想の浸透を大きな契機として、こうした自立論の転換が図られ、現在では、①自立には、経済的自立だけでなく、身辺自立、精神的・人格的自立、社会的自立などさまざまなものがあること ②社会福祉の分野では、「必要に応じ他者から適切な支援を受けつつも、日常生活や社会活動において、できる限り主体的な生活者として自己実現を行っていく」という意味合いを持った精神的自立や人格的自立あるいは社会的自立も重要であること（積極的自立論）が、多くの人に承認されるに至っている。

いいかえれば、現在の社会福祉においては、自己決定・自己選択に基づき

自己の生活を主体的に管理するという意味での「自立 (independence)・自律 (autonomy)」に重きが置かれているといえる。だが、こうした自立・自律観を、重度の知的障害者や重度の認知症高齢者においても貫徹できるかどうか、また、貫徹しようとする場合の社会福祉の理論と実践として何が求められるのかについては、さらなる研究の積み重ねが必要であろう。

4-2 自己選択とパターナリズム

「自己選択」とは、自らの決定に基づき自己にとって望ましい生活のあり様を主体的に選択していくとの意味であり、1.で述べた自立・自律を支える中核的な概念・行為の1つである。福祉政策においては、個別的施策システムの各レベル、特に「(c) 援助・サービスの提供・実践」のレベルで重要となろう。[17] 援助者・サービス提供者は被援助者・サービス利用者の自己選択・自己決定が最大限可能になるような条件整備に努めなければならないとされるが、その前提には、人間は本来的に問題への対応の仕方を自分で決める能力と自由をもっており、それは尊重されなければならないとの価値判断がある。

これに対し、パターナリズム (paternalism) は、パターナル（父親の）という語源が示すように、父親が子どもの保護のために介入・干渉するといった関係にその原型があるとされ、父権的干渉主義、温情的干渉主義などと直訳される。厳密な定義がある訳ではないが、ここでは、「パターナリスティックな介入・干渉」を「本人の利益の確保或いは本人の保護を目的として、他者が当該本人の自由・自己決定に介入・干渉すること」と、また、「パターナリズム」を「本人のためとして他者が行う介入・干渉が正当化されることがあり得るとの原理・考え方」と解しておきたい。[18]

パターナリスティックな介入の分類としては、
① 本人に自己決定能力があっても行われる「強い介入」と、本人の自己決定能力が不十分な場合に行われる「弱い介入」

②本人に一定の行動を求める「能動的介入」と、本人に一定の行動を禁止する「受動的介入」
③保護される本人の利益の違いを基準とする「身体的介入」「精神的介入」「経済的介入」
④行動の自由の制限をともなう「強制的介入」と、制限をともなわない「非強制的介入」
⑤介入を受ける者と介入により利益を受ける者が一致する「直接的介入」と、両者が異なる「間接的介入」

などさまざまなものがあるが、現実の個別的施策システムにおいては、こうした介入が認められる根拠と程度が問題となろう。

一般論としては、
①弱いパターナリスティックな介入は認められるべきである
②本人の何らかの同意があると認められる場合には、介入が認められるべきである
③本人の自由・自律を最大化することに役立つような介入は認められるべきである（すなわち、介入しなければかえって本人の自由・自律が侵害されるような場合には介入が認められるべきである）
④介入することにより本人のその人らしさ（人格的統合）が維持・確保できる場合には、介入が認められるべきである

などといわれている。これらを大胆に割り切って整理すれば、本人の自由・自律・自己決定を可能な限り尊重することを前提としつつ、個々のケースごとに、
①本人の自己決定能力の強弱
②介入により保護される本人の利益の大小
③介入によって制限される本人の自由・自律の種類・程度

といった要素を総合的に比較衡量して、介入の是非や程度を判断すべきということになろう。

4-3 アドボカシー、エンパワーメント、参加

これまで述べてきたことから明らかなとおり、福祉政策の個別的施策システムの各レベル、特に「(c) 援助・サービスの提供・実践」のレベルでは自己選択・自己決定の支援が重要となるが、その場合に重要とされる考え方として、アドボカシーとエンパワーメントがある。

アドボカシー (advocacy) とは、元来は法廷などにおける他者の代弁・弁護の意味であり、そこから、社会福祉の分野においては、援助者が、被援助者（特に自己の権利や生活ニーズの主張が困難な者）に代わって、行政機関やサービス提供事業者などに対して被援助者の利益となるような対応・行動を求める行為を指すようになった。このアドボカシーの機能には、発見・調整・介入・対決・変革といったものがある。

また、エンパワーメント (empowerment) とは、一般的には、個人または集団とその環境との関係に焦点を当て、所与の環境を改善・統御する力を高め、自らの生活のあり様を自ら決定できるようにしていくこと、ないしそうしたことが可能な公正な社会の実現を目指すことをいう。これをふまえ、社会福祉の分野では、エンパワーメントは、サービス提供者と利用者・被援助者の不平等・非対称な関係の是正を目指し、利用者・被援助者が自らの生活に影響を与える事柄に対し、より力をおよぼし自らコントロールできるようにすることを意味する言葉として用いられることが多い。さらに、近年は、援助者は、被援助者の立場や要求を代弁する（アドボカシー）だけでなく、被援助者自身が決定し要求すること（セルフアドボカシー）ができるように、被援助者の力を高めていく方向での支援（エンパワーメント）を行うことが求められるようになっている。

この他、自己選択・自己決定に関しては、個別的施策システムの各レベルへの「市民としての参加」あるいは「サービス利用者としての参加」も問題となる。このうち「サービス利用者としての参加」については、やはり「(c) 援助・サービスの提供・実践」のレベルでの参加が重要となろう。[19] すなわ

ち、被援助者・サービス利用者の自己選択・自己決定を最大限可能にするための方策として、被援助者・サービス利用者自身が援助・サービス提供のプロセスに参加しその内容決定に関与していくことは非常に効果的であり、また重要であるといえる。

4－4　ニーズと資源

　本章冒頭で、社会福祉とは日常生活における生活上のニーズを充足させるための社会としての努力・方策であると述べたが、そこでいう「ニーズ(needs)」とは、「必要」「要求」「欲求」などと訳され、一般的には、幸福・充足を求める身体的・精神的・経済的・社会的・文化的な要求のことを指す。[20]　社会福祉の分野では、日常生活を営む上での基本的要件が満たされない場合にニーズが発生することになる。これを、個別的施策システムの「(c) 援助・サービスの提供・実践」のレベルでとらえれば、ミクロの個別的ニーズとして援助（ソーシャルワーク）の対象となり、「(a) 政策の企画・立案・決定」ないし「(b) 政策の執行・運用」のレベルでとらえれば、マクロの社会的ニーズとして政策的・制度的対応の対象となろう。このニーズは、その性質により、貨幣的ニーズと非貨幣的ニーズ、顕在的ニーズと潜在的ニーズ、絶対的ニーズ（状況のいかんにかかわらず必要とされるニーズ）と手段的ニーズ（何かを行うために必要となるニーズ）、規範的ニーズ（一定の基準や専門家の判断により、客観的・社会的に必要と判断されるニーズ）と比較的ニーズ（同様の状況にある他者と比べた場合に必要と判断されるニーズ）などに区分される。

　以上のようなニーズを充足するためには資源（ヒト、カネ、モノなど）が必要となるが、多くの資源は有限である。このため、限られた資源をどのニーズの充足のために優先的に投入するかという調整の問題が発生する。これも個別的施策システムの各レベルで問題となり得るが、歴史的には、1939年のアメリカのレイン報告（Lane report）において、コミュニティオーガニゼー

ション（主として地域を対象とした社会福祉の援助方法）の主機能を、地域社会のニーズに対して社会資源を効果的に調整・開発することにあると述べたことが知られている。また、経済学では、この調整の問題は、ニーズに対して相対的に稀少な資源を、ニーズを最大限満足させるよう配分する最適資源配分の問題としてとらえられる。完全な自由市場において実現されるというパレート最適（他者のいかなる厚生の状態をも悪化させることなく、ある者の厚生の状態の水準を高めることが不可能なような資源配分の状態）が、最適資源配分の典型とされる。

4－5　効率性と公平性

　4－4で述べた調整（すなわちニーズに対する資源の割り当て）の問題は、その調整の基準としてどのような価値観を前提とするかが問われることになるという点では、福祉政策の価値のシステムとも密接に関わることになる。そして、その基準としては、効率性と公平性が重要となろう。

　効率性とは、（考え方としては）投入された資源量とそれによって充足されるニーズの量・程度の比率によって測定されることになる。投入された資源が、ニーズ充足のために無駄なく最大限有効に活用されている状態が効率的な状態と解されよう。前述のパレート最適はその1例といえる。

　また、公平性[21]は、社会福祉の分野では、何か損害を受けた場合の原状回復・補填としての公平の意味（匡正的正義）ではなく、資源の配分の公平の意味（配分的正義）で用いられることが多いが、その場合の原則は「等しいものは等しく、等しくないものは等しくなく扱うべし」という言葉（定式）で表される。すなわち、公平とは、配分されるべき何かについては、それに対応する各人の何か（ふさわしさ）に応じて、それが比例的に配分されるべきということであるが、「配分されるべき何か」と「それに対応する各人の何か」として具体的にどのようなものを設定するかにより、さまざまな公平の考え方が生じることになる。[22]、[23] 社会福祉においては、各人のニーズが等

しいときに各人に提供する福祉サービスの内容・量を等しくすることが公平にかなうと一般的にはいえよう。

　したがって、理論的には、すべてのニーズを的確にとらえ、そのニーズの充足にふさわしいだけの福祉サービス（資源）を各人に割り当てれば、公平かつ効率的な資源配分を行うことができるはずである。しかし、現実にそうした配分が行われることはほとんどない。その理由は、そもそも完全な自由市場は経済学の教科書の中にしかなく、現実の市場における資源配分には必ず非効率な部分が発生することに加え、①既に述べたように、すべての人のニーズを満足するだけの十分な福祉サービスを提供するだけの資源がないため、何らかの基準で限られた資源を各人に割り当てなければならないが②パレート最適という意味での効率的な最適資源配分の方法は無数にあるため③仮に現実の配分状態が最適資源配分になったとしても、それを公平性の基準から見たときには適切とはいえない配分になっていることが多いからである。[24]　そして、それをより公平になるように配分を変更しようとすると、今度は効率性が損なわれてしまうことになる。このように、公平性と効率性は通常トレードオフの関係に立つので、両者のバランスをどのように取るかが、福祉政策の大きな課題となるのである。

4-6　選別主義と普遍主義

　選別主義と普遍主義は、福祉政策・制度の基本的な設計の枠組み（目標、受給要件、給付範囲など）を示す考え方であり、4-5で述べた効率性と公平性の問題と密接に関わる。

　選別主義とは、社会福祉サービスの提供その他の給付を行うにあたり、受給者の資格を判定するための資力調査（ミーンズテスト〈means test〉）[25]を要件とするなど、受給者を選別するための基準・仕組み（基本的に経済的要件である）を設けるべきとする考え方で、効率性を重視した考え方といえる。ニーズの高い者に重点的・効率的に給付・援助を行うことができるとい

う長所を有する反面、①受給に際し（例えば「貧乏人」であるといった）スティグマ（stigma〈烙印、恥辱〉）が生じやすい ②所得や資産を調査されることへの抵抗感をともなう ③①や②の問題もあって給付が必要な者すべてを捕捉しにくい（低捕捉率の問題）④受給者と非受給者という対立的な二重構造が生まれやすい ⑤いわゆる「貧困のわな」の問題が起きやすいなどの問題点があるとされる。選別主義を採る典型的な制度は、公的扶助（生活保護）制度である。

これに対し、普遍主義とは、受給者の資格を判定するための資力調査は受給要件とせずに、（たとえば、障害を有する、介護が必要である、一定年齢に到達したなど）通常は法令で定められた一定の要件を満たした場合には、等しく給付・援助を行うべきとする考え方で、サービスを必要とする者すべてがサービスを利用できるようにしようとの公平性を重視した考え方といえる。普遍主義は、選別主義の持つ問題点を免れるという長所を有する反面、①その者の経済的状況から見れば給付の必要がなくとも給付・援助を行うので ②給付に要する費用がかさみやすいといった点で非効率的であるとの問題が指摘されている。普遍主義を採る典型的な制度は、年金保険や医療保険といった社会保険制度である。

このように、選別主義、普遍主義それぞれに長短はあるが、歴史的には、次第に選別主義の問題点の方が大きいと考えられるようになり、社会保険制度など普遍主義を採る制度のウエイトが高まってきている。最狭義の社会福祉の分野でも、従来は選別主義を採る制度が多かったが、近年の福祉制度改革の流れのなかで「選別主義から普遍主義へ」の転換が進められつつある。

4－7　ジェンダー

英語では、セックス (sex) が先天的な生物学的意味の性（別）を指すのに対し、ジェンダー (gender) は生物学的性の意味に加えて社会的・文化的な意味での性（別）の意味でも用いられる。そして、わが国では、後者のみ

の意味合いで用いられることも多い。このように元々はジェンダーは価値中立的な記述的概念であったが、ジェンダー論の深化にともない、固定的な性役割（男女の役割分担）を自然で不変のものとみなす社会構造に対する批判としての意味・機能も有するようになった。[26]

　こうした観点からは、これまでの福祉政策やその政策が展開されてきたいわゆる福祉国家についても、①福祉国家における福祉政策の運営は一定の家族イメージ（粗っぽくいえば「男性は仕事、女性は家事・育児」といったイメージ）を前提としており、それが結果的に女性に相対的不利益をもたらしている　②社会福祉の分野では、その労働・活動に従事する者が女性に偏る形となっており、そのことが女性の役割の固定化を招く恐れがあるといった指摘・批判が行われている。

　したがって、今後の福祉政策については、個別的施策システムのあらゆるレベルにおいて、制度・政策やその実践として顕在化した部分だけでなく、その背景・基盤となっている社会生活全般に根深く浸透しているジェンダーのあり様を意識しつつ、展開を図っていくことが求められよう。

5．福祉政策の理念と視座

5－1　福祉政策の理念

　福祉政策・制度の理念をどのようにとらえるかについてはさまざまな見解があり得ようが、基本的には、福祉政策の論点についてバランスの取れた適正な立ち位置を確定し、そこから個別的施策システムの各レベルにおける政策・制度の展開を図っていくということに尽きるであろう。すなわち、当事者（被援助者本人）の自己選択・自己決定に基づく自立・自律を最大限実現させるべく、そのニーズを的確に把握し、使用可能な資源の枠内で効率性と公平性の適正なバランスを取りつつ、アドボカシーやエンパワーメントといった手法を活用し、また、当事者の参加を求めながら支援を行っていくべきと

いうことになる。そして、このように福祉政策・制度の目的として自立・自律を重視すべきとする主張の根底には、日本国憲法第13条に規定されている「個人の尊重」の理念があると考えられるが、そこで想定されている個人は抽象的な個人ではなく、①個別的・独自的存在（かけがえのない存在）としての個人 ②自律的存在（自分なりのまとまりのある人生を構築すべく、自己決定を繰り返していく存在）としての個人 ③社会的存在（社会において他と繋がらずには生きていけない存在）としての個人といった多面性・具体性をもった個人であると解すべきであろう。

また、自己決定能力が十分でない者に対するパターナリスティックな介入も、その者の自己決定をできる限り支援することを一義的な目的として行われるべきであるが、それが不可能な場合には、その者の最善の利益と考えられる（上記のような多面性をもった）自己実現の最大化が目指されなければならない。そして、後者のような介入が許されるとすれば、その理念的根拠は「自立・自律（自己決定）能力の不十分な者への同じ人間としての他者の責務としての、その者が有する『人間の尊厳』への配慮とその尊重」に求められるべきではなかろうか。[27]

この他、政策・制度の実現手段についての理念としては、既に述べたとおり、資源の制約がある以上、目的達成のための手段の効率性の追求が重要となるが、効率性の追求自体が主目的となる本末転倒が生じないよう注意する必要がある。

なお、福祉政策の理念と福祉制度の理念の異同については、制度とは法により定式化・定型化された政策のことなので、目的および手段に係る理念は基本的に同じと考えられるが、法による定式化・定型化がなされた制度（となった政策）に関しては、一般的には、制度化されていない政策よりも、安定性・継続性、さらには権利性が強められていると理解すべきであろう。

5-2 福祉政策の視座

　社会福祉の世界は、介護保険法の制定、社会福祉基礎構造改革の推進、障害者自立支援法の制定など「激動」ともいうべき変化に現在直面している。そこで、本章の最後では、狭義の社会福祉を中心とした福祉政策の動向を略述した上で、今後の福祉政策に求められる視点・視座を確認しておきたい。

　1980年代以降、わが国の福祉政策を巡る状況は、モノ・カネ・ヒト・情報の国際化（グローバリゼーション）を背景としつつ、①少子化・高齢化の進展とそれにともなう福祉関係費用の増加圧力の高まり ②経済の低成長と財政の深刻化 ③就業構造や雇用形態の変化 ④共同体としての家族・地域・企業の変質（解体）と人々の価値観の多様化など急速に変化した。このため、こうした変化に対応した制度改革を進め、21世紀にふさわしい持続可能な福祉制度を構築することが重要課題となり、特に1990年代半ばからはその必要性・緊急性が強く叫ばれて改革の動きが活発となっている。具体的には、社会保障構造改革の第一歩と位置づけられた介護保険制度の創設（1997年）を始め、児童福祉法改正（1997年）、社会福祉基礎構造改革（2000年）、介護保険法改正および障害者自立支援法の制定（2005年）などの大規模な制度改正が頻繁に行われ、そしてその流れは現在も継続している。

　これらの制度改正に共通する方向性は、一言でいえば、制度の維持存続を大前提とした上で、社会福祉の費用負担（特に公的負担）の伸びを抑制しつつ、その制約内で給付（福祉サービスなど）の質の向上と受給者（利用者）の権利保障の拡充を可能な限りめざすというものであろう。しかし、こうした方向性は理念的にはうなずけるところがあるにしても、実際には費用の抑制とサービスの充実とは両立しがたいことが多く、そこに改革のジレンマが存在する。そして、現在は、どちらかといえば、新自由主義や市場原理主義の立場から、福祉関係費用の抑制という財政的考慮が優先された改革が進められている状況にある。

　こうした状況を打破し、これからの福祉改革を国民生活を確実に保障する

にたる真のセーフティネットの創出へと繋げていくためには、前述の福祉政策・制度の理念を具現化すべく、①福祉政策の目的・根拠・機能を再確認した上での総合的ビジョンの提示 ②法的権利としての社会福祉と政策的配慮としての社会福祉の区分整理 ③福祉政策分野における公私の役割分担（公私の各部門がになわなければならない仕事・責任の範囲・種類・程度）の明確化 ④福祉政策の財源の在り方の検討と決定（国民感情を考慮した財源の種類と負担の限界の見極め）⑤個々の制度設計や政策決定を行う際の手続きの透明化と実施された施策についての事後評価システムの確立といった作業を進めていく必要があろう。そして、その作業に社会福祉の理論と実践がどれだけ貢献することができるのか、その鋭さと厚みが改めて問われているのである。

（新田秀樹）

〔註〕
1）山縣文治・柏女霊峰編『社会福祉用語辞典〔第3版〕』ミネルヴァ書房、pp. 146-147、2003年（山縣稿）を参照。
2）「社会保障」という言葉も広狭さまざまな意味に用いられるが、21世紀に向けての社会保障の再構築について検討を行った、1993年の社会保障制度審議会社会保障将来像委員会第一次報告では、社会保障について「国民の生活の安定が損なわれた場合に、国民に健やかで安心できる生活を保障することを目的として、公的責任で生活を支える給付を行うもの」との定義を行っている。これを踏まえれば、わが国において通常社会保障に属すると考えられている制度・政策に共通する特徴としては、①生活困難・不安定な状態に陥った国民に対して行われる制度・政策であること（社会保障の直接的な対象）②国民の生活を健やかで安心できるようなものとすることを目的として行われる制度・政策であること（社会保障の目的）③国民の生活を保障する給付（金銭やサービスの提供）を行う制度・政策であること（社会保障の方法）④公的責任（国および地方公共団体の責任）において行われる制度・政策であること（社会保障の責任主体）といった点をあげることができよう。
3）通常は、その手続きを行ったこと自体が、同時に、その行動様式を守る根拠・理由ともされる。
4）地方公共団体レベルの制度の場合には、その他に条例なども加わることになる。
5）老人家庭奉仕事業運営要綱（1962年4月20日厚生省発社第157号厚生事務次官通知）。通達とは上級行政機関が法令の解釈や行政の運営方針などについ

て下級行政機関に対してなす命令・指針のことをいう。通達は行政庁内部または相互間のもので、行政庁を拘束はするが、国民や裁判所に対して拘束力を持ってはいないので、法ではないとされる。
6）従来は、その中でも、前記 (c) の事業の現場における個々の利用者に対する援助・サービスの提供という実践のレベルの主体（サービス提供組織）が問題とされることが多かった。
7）分類の基準としては、例えば、公的ないし公権力的性格の程度（政府組織か民間組織か）、公共性ないし公益性の程度（公共的組織か非公共的組織か）、営利性の程度（営利組織か非営利組織か）、組織性の程度（フォーマルな組織か、インフォーマルな組織か）などがある。
8）もとより本章における区分は一定の割り切りに基づくものであり、各区分の境界が明確でないことや、必ずしもすべての主体ないし組織を網羅したものではないことに、留意されたい。
9）指定都市や中核市となっている比較的大規模な市は、市町村が担当する社会福祉行政に加えて、本来は都道府県が担当する社会福祉行政のうちの一定のものも行っている。
10）この他、政府が果たしている重要な役割として、社会福祉の財源負担がある。社会福祉サービスの提供に要する費用は、従来は、利用者負担部分を除き、基本的に公費（租税）で賄われており、公費負担の部分については、国・都道府県・市町村が、社会福祉各法の規定する負担割合に基づき、それぞれ負担を分担していた。しかし、高齢者福祉の分野では、社会保険である介護保険制度の創設により、介護保険の対象となるサービスについては、利用者負担を除いた費用（給付費）の一定部分（原則二分の一）を介護保険料でまかなうこととなった。
11）例えば、社会福祉協議会が行う公私の社会福祉事業の連絡調整・助成や共同募金会が行う寄付金の配分など。
12）社会福祉法人制度は、民間の社会福祉サービス提供事業の法人化を狙いとして、1951年の社会福祉事業法（現在の社会福祉法の前身）により設けられた。本来民間組織による社会福祉サービスの提供事業には、事業の先駆性・開拓性・柔軟性といった特長を活かしながら、公的な社会福祉と連携しつつも、公的社会福祉とは異なる独自の事業活動を展開することが期待されるところであるが、わが国の場合には、①日本国憲法第89条後段（公の支配に属しない慈善・博愛の事業等に対する公金の支出などの禁止）を受けた公私分離原則（この原則は社会福祉法第61条第1項に受け継がれている）から派生（変異？）した社会福祉の公的責任の強調と ②公的責任の強調にもかかわらず現実には民間組織による福祉サービス提供に多くを頼らざるを得なかった第二次大戦後間もない当時の状況を背景として、実際には、行政による職権措置を前提とした社会福祉法人への福祉サービス提供の委託（措置委託）が、サービス提供の仕組みの中心に位置付けられることとなった。そして、その

ことが、結果的に、それから半世紀近くもの間、地方公共団体と社会福祉法人による社会福祉事業の事実上の独占と、社会福祉法人による公的社会福祉の代替(下請け)という事態を招いたのである。2000年の法律改正をピークとする社会福祉基礎構造改革は、社会福祉におけるそうしたいびつな公私関係を本来の対等で相補的なパートナーとしての公私関係に改めようとすることも、(成功したかどうかは別として)狙いの一つとしていたものと考えられる。

13) ミッションを持つ点を強調して "Not - for - profit - but - for - mission Organization" と称する場合もある。
14) NPOに対し、NGO（Non Government Organization、非政府組織）という言葉もあるが、両者は「非営利」と「非政府」のいずれに重点を置くかの違いで、国際的にはほぼ同義語とされる。ただし、日本では、傾向として国際協力活動を行う市民団体に限定して「NGO」が用いられてきたという経緯がある。
15) 市場とは、財貨やサービスの供給者と需要者の双方が、直接的にあるいは仲介者を介して間接的に接触・交渉し、価格を決め、売買（通常は契約という法形式をとる）を行う場であり、等価交換・応益負担（受益に応じた負担）・貢献原則（貢献に応じた報酬・給付）といった言葉で表わされるgive and takeの考え方が、基本原理（市場原理）となっている。
16) もっとも、自立も依存も、他者との関係において成り立つ概念ないし状態であることから、1人の人間について見ても、その相手や置かれた状況、あるいはライフステージなどにより、自立（または依存）から依存（または自立）へと変わり得る相対的ないし移行的な概念であり、また、その度合いもさまざまであるという意味で連続的な概念であることに注意する必要がある。
17) 特に近年は、「措置から契約へ」の変化の中で、契約のメリットとして福祉サービスを自身で選択できることが強調されるようになってきた。
18) このように、自己選択（あるいは自己決定、自由、自律）とパターナリズムとは対立的な概念であるが、しかし、自立と依存が相対的な概念であるのと同様に、その対立は相対的なものであることにも注意する必要がある。
19) 個別的施策システムの各レベルへの市民としての参加については、3-5で少し触れた。この参加の形態としては、参画的参加（例：国や地方公共団体の審議会・委員会・検討会などへの参加）、運動的参加（例：署名活動、請願運動、議会などへのロビー活動）、活動的参加（例：ボランティア活動）の3つがあるとされる。もっとも、投票により首長や議員を選んだり、直接的に賛否を表明したりする民主制こそがその根幹であることはいうまでもない。
20) ニーズは必ずしも意識されなくても生活上必要とされる客観的ないし絶対的要素を持っている点で、主観的にその必要性を感じる「欲望」や「需要」といった言葉とは異なるとされる。
21) 「公平」と「公正」は、本章では基本的に同じもの (equity) として取り扱う。

22) 例えば、「賃金は、（その生産量にかかわらず）各人の労働時間に応じて支払われることが公平である」とするか、「賃金は、（その労働時間にかかわらず）各人の生産量に応じて支払われることが公平である」とするか、あるいは「公的な子育て支援サービスは、その家庭の（所得の多寡ではなく）子どもの数に応じて提供されることが公平である」とするか、「公的な子育て支援サービスは、その家庭の（子どもの数ではなく）所得の多寡に応じて提供されることが公平である」とするかなど。
23) 「平等 (equality)」は、「配分されるべき何か」が「それに対応する各人の数（すなわち各1人）」に応じて（すなわち1対1の対応で）配分されるべきと考える、公平の一つの考え方ということができる。
24) 例えば、同程度の状態にある要介護高齢者が10人いる町で、提供できる介護サービスが高齢者1人分しかなく、そのサービスを1人の高齢者が独占的に受けているケースは、パレート最適の意味での最適資源配分状態ではあるが、公平な状態とはいえまい。
25) 資力調査には、毎月の給料などのフローの収入を調査する所得調査と、貯金や不動産などのストックの状況を調査する資産調査とがある。
26) ジェンダー論と関係する言葉としてフェミニズム (feminism) があるが、これは、一般には、女性という性に起因する社会生活上のあらゆる差別・不平等に反対し、その撤廃を求めることにより、女性の地位向上を目指す思想・運動の総称とされている。
27) もとより、人間の尊厳は、人間である以上自己決定能力の如何にかかわらず存在し尊重されるべきものであるが、自己決定能力が不十分な者についてはそれを他者が配慮する必要性がとりわけ強いといえる。また、配慮の前提として、他者のニーズ（あるいはニーズが満たされない苦痛）への想像力と共感が重要となろう。

参考文献
* 本沢巳代子・新田秀樹編『トピック社会保障法〔第3版〕』不磨書房、2009年
* 柳川洋・山田知子他編『社会福祉マニュアル』南山堂、2006年

第 4 章
福祉需要・ニーズと社会資源

Key words：
市場原理、需要と供給、ニーズ、社会資源

　社会福祉の需要と供給を知るためには、社会・経済状況に応じた福祉制度や政策との関係を学ばなければならない。そして、福祉需要の中心となる福祉ニーズに即応したサービス提供のために的確なニーズ把握を要するとともに、確実な充足が果たせるよう期待される。さらには、福祉ニーズに対応する資源の総称を社会資源と呼ぶが、その活用が容易にできるよう新たな開発の努力も求められる。

1．福祉需要

1－1　福祉需要の概念と背景

1）福祉需要とは

　需要とは、主に経済学の領域では、「購買力の裏付けのある」(『広辞苑』第六版　p.1352, 2008年) ことが条件とされる欲求である。対概念は供給であり、需要と供給によって市場原理が説明される。しかし、社会福祉の場合は、市場原理における資源の不平等を、一定の基準に基づき再配分することで社会を安定化させることを目的の1つとしており、市場原理の限界を補完する役割もになっている。そのため福祉需要は「購買力の裏付け」の条件に限定されない、社会福祉を実現するために受益者が必要とするサービスと定義できよう。

2）制度論から実態論への転換

　戦後の日本の社会福祉は、「福祉六法」や「措置制度」に代表されるように、対象がある程度限定され、行政機関によってサービスの決定、実施が行われることが多かった。いわゆる、制度論的アプローチ中心の社会福祉であった。そこでは、それぞれの個別の需要はあまり考慮されず、年齢や身体の状況によって認定された基準に類型化され、その類型化に応じたサービスとなっていた。

　その後、日本社会の変化に応じ、社会福祉も制度論的アプローチの限界が指摘されるようになった。厚生省（当時）は、限界が生じた背景として①経済環境の急激な変化　②家族の縮小　③都市環境の変化　④価値観の揺らぎの4つを指摘した上で、「制度論ではなく、実態論からのアプローチ」(厚生省（当時）: 2000年) への転換の必要性を示した。この転換により、社会福祉は制度の枠組みのなかで提供されるものから、ウェルビーイング (well-being) の実現のために人々が欲しているサービスとは何か、それをいかに実現す

るかへと主題が転換した。その変化の特徴は以下の通りである。

> ①選別的・救貧的福祉から、一般的・普遍的福祉へ
> ②無料・低額負担の福祉から、有料・応能負担の福祉へ
> ③受動的措置の福祉から、主体的選択利用の福祉へ
> ④公的行政による画一的サービス供給から、公民協働による多元的供給へ

3）転換を推進した「社会福祉基礎構造改革」

　制度論から実態論への転換を具体的に進めた政策が、「社会福祉基礎構造改革」である。本改革の趣旨は、「昭和26年の社会福祉事業法制定以来大きな改正の行われていない社会福祉事業、社会福祉法人、措置制度など社会福祉の共通基盤制度について、今後増大・多様化が見込まれる国民の福祉需要に対応するため、見直しを行う」（厚生省（当時）資料「社会福祉基礎構造改革について」1999年）ことであった。この改革のなかで、政府は福祉需要を社会福祉の対象として位置づけた。

　この「社会福祉基礎構造改革」は、「社会福祉の増進のための社会福祉事業法等の一部を改正する等の法律」（2000年）として実体化された。そこでは、利用者との対等な関係に基づく支援、利用者に対する情報開示、権利擁護、社会福祉法人に関する規制緩和や、地域福祉の推進などが示されており、必要とされるサービス（福祉需要）に対し、柔軟な対応を可能とする基盤をもたらす、実態論的アプローチへの転換を可能ならしめる法律となっている。

　ただし、ここで配慮しなければならないことは、需要の概念が強調されることで、市場原理も強調されてしまうことである。先述のように、社会福祉は市場原理の限界を補う役割を持つ。そのため、市場原理のなかで対応可能なサービスと、それを補完すべく必要になるサービスとを判断していかなければならない。それには、福祉需要に対するサービス提供のあり方について、公つまり国の責任の範囲について社会現況に応じた検討が不可欠である。

1-2　現代社会の福祉需要の特徴

現代社会の福祉需要の特徴として、次の3つがあげられよう。

1）個人の任意選択による生活の質の追求のための福祉需要

現代では、個人の個別のウェルビーイングを推進するための、さまざまなサービスが展開されている。たとえば、美しくあるための美容サービスや、健康増進を意図したサービス、余暇の充実、よりよい保育、介護を意図したサービスなど、年齢や対象に関わりなくさまざまなサービスが供給されるようになっている。これらのサービスは、最低生活の保障ではなく、よりよい生活の実現を意図したサービスであるため、基本的に個人の任意選択により、サービスが提供される。

ただし、これらのサービスの利用は基本的に個別契約である。そのため、利用者はサービスの質や契約内容に敏感でなければならない。この領域の需要に対するサービスが発展していくためには、サービス提供者、利用者の双方が、需要と供給について学びあい、よりよいサービスと適切な負担の検討を行っていく必要があろう。

2）家族構造の変化に強く影響を受けた福祉需要

少子高齢化、女性の社会進出、家族の小規模化などの影響により社会構造が変化し、その結果、育児や介護の領域での福祉需要が高まっている。高齢化は、医療技術の発展とも関連しながら、要介護者数の増加をもたらすことが予測され、また、少子化は労働力人口の減少を導き、需要と供給の不均衡が増大していくことが予測される。

このような背景から、日本政府は2006年のEPAにおいて、看護職と介護職に関してフィリピン、インドネシアなどの外国人労働者の受け入れを決めた。ただし、これは量に関する対応であり、サービスの質の向上も福祉需要を考えるうえで重要な課題である。そのため、看護職、介護職の養成と、そ

の就労環境を整えていくことも今後の重要な課題の1つであろう。

3）格差社会のもたらす福祉需要

　格差も福祉需要の現代的な課題の1つといえる。古川孝順は「わが国の社会に格差や不平等が存在しており、それが拡大しつつあることは否定しがたい事実である」（仲村優一ほか監修『エンサイクロペディア社会福祉学』中央法規出版、pp.2-7, 2007年）とし、そのうえで、教育格差から2次的に生じる意欲格差（学力の差 → 社会的承認を得がたい → 意欲の低下 → 引きこもりや現実逃避としての物質依存）や、経済格差に基づく弱者の排除（派遣切りなど）などの格差に起因する問題が生じていると指摘する。

　古川は、このような格差に基づく諸問題を、「社会的バルネラビリティ」としている。社会的バルネラビリティとは、「現代社会に特徴的な社会・経済・政治・文化のありようにかかわって、人々の生存、健康、生活、尊厳、つながり、シティズンシップ、環境が脅かされ、あるいはそのような状態にあること」（前掲書）である。社会的バルネラビリティという概念からとらえた福祉需要も、現代社会において看過できない課題である。

（新保祐光）

2．ニーズ論

　社会福祉実践現場においてソーシャルワーカーによる「Aさんの本当のニーズは何だろうね？」「地域住民のニーズを把握しなければ…」というような「ニーズ」の用語をよく耳にする。「ニーズ」は「ニード」の複数形である。ここでは、複数形の「ニーズ」を使う。よく考えてみると「ニーズ」は、さまざまなレベルや対象によってニュアンスが異なる。ここでは社会福祉の専門用語である「ニーズ」の概念を整理した上で「ニーズ」の類型、「ニーズ」の把握と充足の方法について整理しておきたい。

2 - 1 「ニーズ (needs)」とは？

　「ニーズ」とは単なる「欲求」「要求」を表すものではない。「人がある社会の中で生きていく上で必要とするもの、もしくはその不足や欠乏をさす」（岩田正美ほか『社会福祉入門』有斐閣、p.250, 2006年）といわれている。つまり「ニーズ」には、「必要とするもの」のように明確な要望として表明される「ニーズ」と「不足や欠乏」のように「生活のしづらさ」を抱えている状況にあるパワーレスな状態のなかにいて、明確に表明されないまたは本人に自覚されない「ニーズ」とがある。たとえば、働くために保育所に子どもを入所させたくても、保育所が足りなくて待機していることから「保育所がほしい」という「ニーズ」がある。一方では、児童虐待や高齢者虐待のケースでは、親や家族に支援を拒まれても積極的に介入していくことが求められている。

　また、介護保険制度の利用や障害者自立支援法などのサービスを利用するときに、「感じられたニーズ」を希望するだけサービスを利用できるというわけではない。それには「介護認定」や「障害認定」の制度によって定められた客観的な基準によって、サービス認定やサービス範囲が決められている。そこには、客観的な基準とはいえ、国や行政の裁量によって「ニーズ」の量が決められている。しかし、それに不服がある場合は、行政への審査請求や裁判で争うことができるといった「ニーズ」の充足が権利として認められているのである。

2 - 2 「ニーズ」の分類

　「ニーズ」は、大きく充足手段によって分類した「貨幣的ニーズ」と「非貨幣的ニーズ」に分類できる。それらは「貨幣的ニーズ」を充足するのは生活保護制度などの「現金給付」で、「非貨幣的ニーズ」は介護保険制度や障害者自立支援法などによるサービス提供の「現物給付」にあたる。

さらに、「ニーズ」を段階別に整理したものとして、ブラッドショウ (Bradshaw, J) の「ニーズ」の4類型がある。

① ノーマティブ・ニーズ（規範的ニーズ）
　ニーズを抱える本人からのものではなく、社会の規範になっている価値判断によって示されたニーズ」をいう。たとえば高齢者や児童などの虐待事例へのアプローチのためのニーズである。
② フェルト・ニーズ（感得されたニーズ）
　サービスの必要性を本人が自覚した「ニーズ」を指す。つまり、客観的な基準によるものではなく、主観的なサービスを利用したいか否かの「want（欲求）」を示す。
③ エクスプレスト・ニーズ（表明されたニーズ）
　ニーズを持っている本人が具体的にサービス利用を申請してきた「ニーズ」を指し、「demand（要求）」と同じ概念である。たとえば、生活保護の申請に来た人々の「ニーズ」はわかりやすい例であろう。
④ コンパラティブ・ニーズ（比較ニーズ）
　他との比較によってニーズの存在を確認することである。たとえば、地域の「ニーズ」を把握する場合に他の地域と比較することによって、必要な「ニーズ」が見えてくることがある。

2－3　日本の社会福祉研究における「ニーズ論」

1）岡村重夫のニーズ論

　岡村は、「ニーズ」を2つに整理している。1つは「衣食住、睡眠、排泄など」の生理的欲求に加え、所属欲求や承認欲求、自己実現欲求を含めたものを「人間の基本的要求」としている。2つには「個人的要求」を「社会制度」との関係からとらえた社会生活の基本的要求がある。それには、①経済

的安定 ②職業的安定 ③家族的安定 ④保健・医療の保障 ⑤教育の保障 ⑥社会参加ないし社会的協同の機会 ⑦文化・要求の機会が挙げられている。そして、それに対応する「社会制度」について、①経済・社会保障制度 ②雇用・労働制度 ③家族・住宅制度 ④保健医療衛生制度 ⑤教育制度 ⑥司法・地域社会制度 ⑦文化・娯楽制度の7つをあげている。それらは、「社会生活の基本的要求」＝「住民のニード」としてとらえられ、個人が意識するか否かではなく、社会的および法律的にすべての国民に保障された権利として位置づけている。

2）三浦文夫のニーズ論

　三浦は「ニード」を「ある種の状態が、一定の目標なり、基準から見て乖離の状態にあり、そしてその状態の回復、改善を行う必要があると社会的に認められたもの」と定義している。さらに、「一定の目標なり、基準から見て乖離の状態にある」ことを「広義のニーズ」あるいは「診断ニーズ」と呼び、「その状態の回復、改善を行う必要があると社会的に認められたもの」を「狭義のニーズ」あるいは「処方的ニーズ」「サービスニーズ」と称している。三浦の特徴は、「ニード／ニーズ」を個別的な「ニード」としてではなく、「政策目的」から福祉政策の「ニーズ」を集合論的にとらえるという「必要」となる考え方を重視した「ニード／ニーズ」を提示しているところである。

　また「ニーズ」は、準拠枠（基準、尺度）によって、異なるものであり「ニーズ」を「規範的ニーズ」と「比較・尺度ニーズ」に区分される。「規範的ニーズ」とは、ある状態を測るための準拠枠であり、そこに価値判断が含まれ、この「準拠枠」でとらえられたものは「ニーズ」とみなされる。たとえば、介護保険制度における「要介護認定」や障害者自立支援法における「障害認定」がそれにあたる。一方「比較・尺度ニーズ」は、「準拠枠」を持たず価値判断も含まない統計的な基準を示すものが多い。

2-4 「ニーズ」の把握と充足方法の課題

「ニーズ」を把握する方法の判断基準として「ナショナルミニマム」がある。それは、社会的に保障すべき最低生活水準を示すものである。それを決定していく際には、「ニーズ」の把握がたいへん重要になる。それは、生活保護制度のような算定できる量的な把握の方法もあれば、サービスの内容などによる質的な把握の方法でソーシャルワーカーに裁量が任されていることも多い。

潜在的な「ニーズ」に配慮する必要がある。それは、「感得されたニーズ」はないが、「規範的なニーズ」に基づけば一般的に「ニーズ」があることに注意することである。また、「感得されたニーズ」はあるが、「表明されたニーズ」になっていない場合も注目する必要がある。それには、ニーズを充足するサービスや資源がないため、「ニーズ」を表明することを諦めていることはないか、サービスや資源の情報を知らないために「ニーズ」を表明できていないのではないか、「ニーズ」を表明することでスティグマをともなうのではないかなどについて検討する必要がある。

さらに上野は、これらの4つの「ニーズ」の類型を図式化し、課題を整理している（図1）。

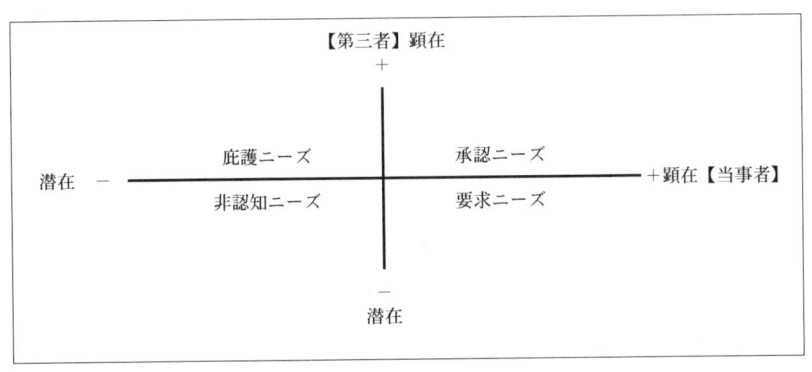

図1　ニーズの4類型

出典：上野千鶴子・中西正司編『ニーズ中心の福祉社会へ』医学書院、p.14、2008年

「当事者」が「ニーズ」を必要としているか否かにかかわらず、専門職や行政、研究者等の「第三者」が優先して「ニーズ」を判断する場合がある。それは時に権威的で差別的な判断であったり、「当事者にとって充足されるものでなかったり、庇護的（パターナリスティック）なものとなっていることがある」と指摘している。それを顕著に示したものとして、障害者自立支援法による応益負担などの問題がある。

「ニーズ」を分類するだけではなく、「ニーズ」として認知されていなかったものを、「当事者」にとっての「ニーズ」として、社会的に承認されるまでには、「エンパワメント、抑制、交渉、葛藤、合意の過程が作用している」と述べている。「ニーズ」を客観的にとらえる過程において、当事者や関係者が決定のプロセスに参加できるように検討すべきである。

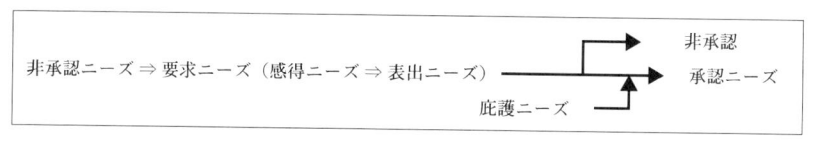

```
非承認ニーズ ⇒ 要求ニーズ（感得ニーズ ⇒ 表出ニーズ）──┐  ──→ 非承認
                                                      └─→ 承認ニーズ
                                       庇護ニーズ ───┘
```

図2　ニーズの承認過程
出典：上野千鶴子・中西正司編『ニーズ中心の福祉社会へ』医学書院、p.16、2008年

3．資源論

社会福祉に役立つ資源とは、「ニーズ」を満たすための「ヒト」「モノ」「カネ」の総称で呼ばれることがある。その中でも実際に「ニーズ」の充足に役立つ資源は、「ヒト」と「モノ」である。「カネ」は「ヒト」と「モノ」を充足するために必要なものである。「ヒト」とは、社会福祉のサービスを提供する人々のことをいう。社会福祉のサービスを提供する人々も「社会福祉専門職」であるソーシャルワーカーと「ボランティア」などの住民の2つに大きく分けられる。「モノ」とは施設などの「不動産」と社会福祉サービスなどの「動産」の2つに分けられる。しかも「モノ」だけあってもそこに社会福祉サービスを提供する人材である「ヒト」がいなければ役に立たない。

つまり、「モノ」と「ヒト」とをセットで考えなければならない資源といえる。

ここでは、社会資源の概念、社会資源の内容とソーシャルワークと社会資源との関係について整理しておく。

3−1　社会資源の概念

社会資源とは、『社会福祉実践基本用語辞典』によると「利用者のニーズを充足するために動員されるあらゆる物的・人的資源を総称したもの」である。

3−2　社会資源の分類

社会資源の分類方法は多様であることから、ここで整理しておこう。

まず、社会資源の質によって、分類した金銭や施設などの物的資源と知識や技能、情報などの人的資源がある。また、行政の提供するサービスの種類において、金銭で提供される「現金給付」と相談やサービスなどの「現物給付」とに分けられる。さらに、これらの社会資源は、さまざまな「ニーズ」に応じて、提供されている（図3参照）。

一般的に資源と呼ばれるものの枠組みを援用して地域福祉における社会資源を小坂田は「潜在資源」と「顕在資源」に分類している。（表1）また、潜在資源が顕在資源になるためには、社会資源の情報が的確に提供されていること、質と量がともなっていることが条件であるとしている。

次に支援者による分類として、フォーマルな社会資源とインフォーマルな社会資源とに分けられる。フォーマルな社会資源とは、公私を問わずに制度化されているサービスや医師や看護師、社会福祉士などの専門職の社会資源のことである。一方、インフォーマルな社会資源とは、家族、友人、地域住民、ボランティア、セルフヘルプ・グループなどの非専門職の社会資源である。

さらに、地域福祉における社会資源を分類したものが（図4）である。

3－3　ソーシャルワークにおける社会資源開発の必要性

　社会資源は個人や集団の社会生活ニーズを充足かつ、解決するために必要不可欠なものである。岡村重夫は社会福祉との関係において「社会生活上の基本的要求に関連する社会資源の評価という概念を提起することによって、評価の対象となるべき欠陥と資源とを理論的に結合しうるもの」としている。ソーシャルワークは社会資源とクライエントをつなげるところに特徴がある。さらに、つなげるだけではなく、多様化する「ニーズ」に対応した社会資源の開発が求められるのである。

　白澤政和は社会資源の開発の必要性を以下の6点に整理している。

> ①施設サービス中心の社会福祉から、社会福祉基礎構造改革以降の地域生活支援による在宅福祉サービス中心の社会福祉に変革してきたこと
> ②クライエントの社会生活上のニーズが多様化及び高度化してきたこと
> ③高齢社会により、認知症高齢者などの増加にともない、フォーマルな社会資源だけではなく、地域で支えるまちづくりのインフォーマルな社会資源の活用の必要性が出てきたこと
> ④社会資源のネットワーク化が求められていること
> ⑤ケアマネジメントにおける「環境調整」が求められていること
> ⑥社会保障費の抑制にともない、社会資源の有効活用と開発が求められていること

　ソーシャルワークにおいて、ケアマネジメントの技法で今後求められているものとして「ケアマネジメントの重要機能、ケアマネジャーの重要な役割には、利用者のニーズに応じた『社会資源の活用』と『社会資源の適応（改善）』『社会資源の開発』」がある。社会資源の活用は常に社会資源の改善と開発とをともなう役割であることが示されている（図5参照）。

近年のケアマネジメントモデルの動向として「ストレングスモデル」がある。そこでは、「地域を資源のオアシスとしてとらえる」を原則とし、社会資源が不足しているのではなく、地域の資源をストレングス（強み）としてとらえるのである。そこでは、社会資源を4つの領域に分け、①利用可能性 (Availability) ②接近可能性 (Accessibility) ③適合性 (Accommodation) ④妥当性 (Adequacy) を「4つのA」として整理している。さらに、資源獲得にはアセスメントが必要で、「資源獲得の多様な戦略モデル」（図6）を提示している。

社会資源の活用や開発をめぐる方法論の議論がさらにわが国の社会福祉およびソーシャルワークに求められるようになるであろう。　　　（坂本智代枝）

表1　資源の分類

潜在資源	①気候的条件	降水、光、温度、風、潮流
	②地理的条件	地質、地勢、位置、降水、海水
	③人間的条件	人口分布と構成、福祉意識、専門性（知識、技能）、愛情、善意、地位
顕在資源	①天然資源	土地（田畑）、水、森林、鉱物
	②文化的資源	歴史、伝統、習慣、行事、芸能
	③人的資源	専門職（医師、看護師、保健師、介護職、作業療法士、理学療法士、言語聴覚士、ソーシャルワーカー、教師、栄養士、心理士、建築士ほか）、地域住民、ボランティア、友人、知人、同僚、親族、家族、本人、労働力
	④企業・組合資源	一般企業、病院、商店、農協 (JA)、郵便局、生活協同組合
	⑤人口施設資源	住宅、公共施設（公民館、福祉施設、学校、遊び場、児童館他）、工場（店舗）、お寺、神社、設備（機材）
	⑥制度的資源	福祉、保健、医療、教育、建築、交通等の制度サービス、情報
	⑦組織・団体資源	町内会（自治会）、当事者団体、消防団、NPO、ボランティアグループ、各種組織（商工会、子供会、PTA、青年団・JC他）
	⑧金銭的資源	税力、預貯金、補助金、助成金

出典：小坂田稔『社会資源と地域福祉システム』明文書房、p.55、2004年

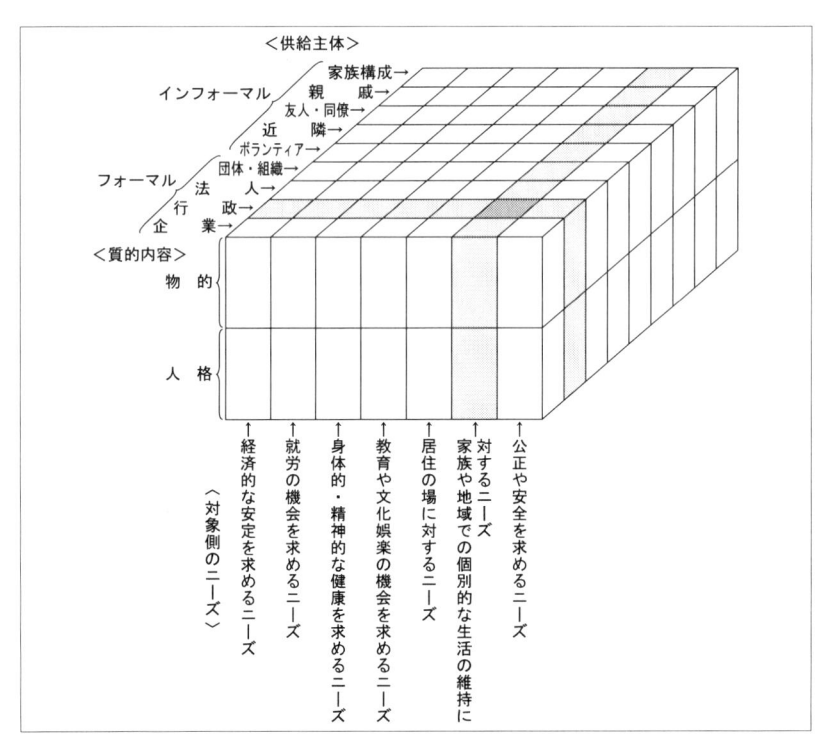

図3　社会資源の構造
出典：白澤政和『ケースマネージメントの理論と実際』中央法規出版、p.119、1992年

図4　地域福祉における社会資源の分類
出典：小坂田稔『社会資源と地域福祉システム』明文書房、p.56、2004年

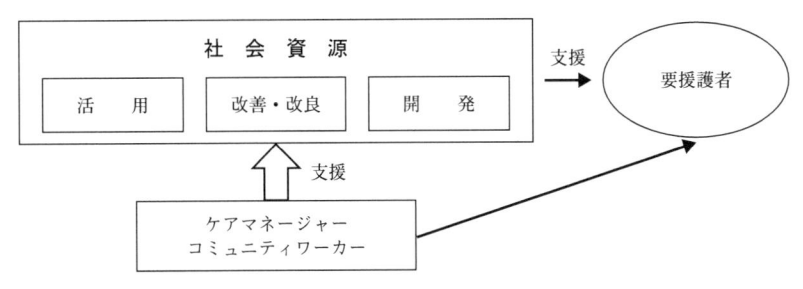

図5　社会資源への3つの関わり
出典：小坂田稔『社会資源と地域福祉システム』明文書房、p.61、2004年

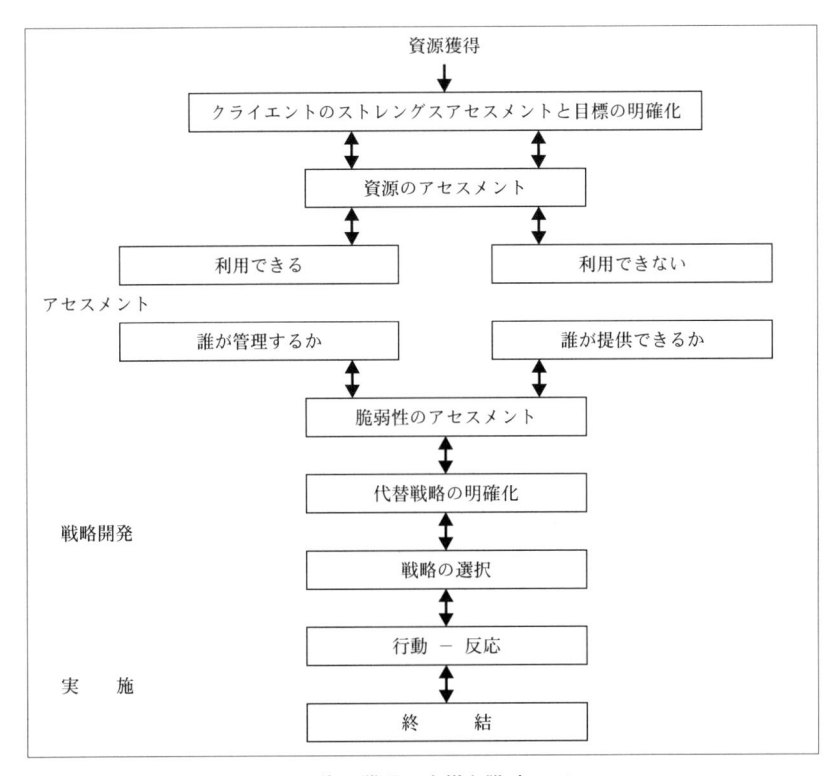

図6　資源獲得の多様な戦略モデル
出典：チャールズ・A. ラップ（著）、リチャード・J. ゴスチャ（著）、Charles Anthony Rapp（原著）、Richard Joseph Goscha（原著）、田中英樹他（翻訳）『ストレングスモデル―精神障害者のためのケースマネジメント』金剛出版、p.228、2008年

参考文献

* 古川孝順編『生活支援の社会福祉学』有斐閣、2007年
* 一番ヶ瀬康子・高島進・高田真治ほか編『講座 戦後社会福祉の総括と二十一世紀への展望 Ⅰ総括と展望』ドメス出版、1999年
* 川村匡由『シリーズ・21世紀の社会福祉7 地域福祉論』ミネルヴァ書房、2005年
* 仲村優一ほか監修『エンサイクロペディア社会福祉学』、中央法規出版、2007年
* 厚生省（当時）資料「社会福祉の基礎構造改革について（主要な論点）」1997年 (http://www1.mhlw.go.jp/shingi/s1125-2.html)
* 厚生省（当時）資料「社会的な援護を要する人々に対する社会福祉のあり方に関する検討会報告書」2000年 (http://www1.mhlw.go.jp/shingi/s0012/s1208-2_16.html)
* 仲村優一「社会福祉『改革』の視点」『社会福祉研究』第40号、鉄道弘済会、1987年
* 佐藤豊道「社会福祉基礎構造改革とソーシャルワーク機能」『ソーシャルワーク研究』Vol.30. No.3. 2004年
* 岩田正美・上野谷加代子・藤村正之『社会福祉入門』有斐閣、2006年
* 上野千鶴子・中西正司編『ニーズ中心の福祉社会へ』医学書院、2008年
* 岡村重夫『社会福祉原論』全国社会福祉協議会、1983年
* 三浦文夫『社会福祉政策研究』全国社会福祉協議会、1985年
* 平岡公一・平野隆之・副田あけみ編『社会福祉キーワード』2005年
* 岡村重夫『社会福祉原論』全国社会福祉協議会、1983年
* 小坂田稔『社会資源と地域福祉システム』明文書房、2004年
* 白澤政和『ケースマネージメントの理論と実際』中央法規出版、1992年
* 鈴木智敦『障害者ケアマネジャー養成テキスト』中央法規出版、2003年
* チャールズ・A．ラップ（著）、リチャード・J．ゴスチャ（著）、Charles Anthony Rapp（原著）、Richard Joseph Goscha（原著）、田中英樹（翻訳）『ストレングスモデル─精神障害者のためのケースマネジメント』金剛出版、2008年

第5章
福祉計画・公私関係と福祉財政

Key words :
福祉計画、PDACサイクル、公私協働、公助・
自助・共助、福祉財政、福祉財源、費用負担

> 福祉計画は、国や地方公共団体および社会福祉協議会などで策定されている。それには、法律に基づき策定義務に基づくものと、努力義務によるものとがある。近年、地方の時代と叫ばれ、公私協働をめざした独自の地域福祉計画を推進する自治体もあるが、公助・自助・共助を明確化すべき課題が残されている。また、急激な少子高齢社会の進行による国と自治体の財政健全化や財源確保などの問題解決も大きな課題である。

1．社会福祉計画

1－1　社会福祉計画の発展

　社会福祉計画とは、社会福祉を推進するための国および地方自治体の活動に対し、目標とそれを達成するためにどのような方法・手段をとるか対応関係を明らかにし、それが合理的に行われるような方針や指針を与えるものである。

　計画という形式の政策の活用が日本でも顕著になったのは、政府の経済計画として「経済自立5カ年計画」が戦後初めて正式に閣議決定された1955年以降である。当時は社会福祉の構想が国の経済計画や社会保障計画の中で示されていたが、1961年には「厚生行政長期計画基本構想」が示され、国の厚生行政の計画として社会福祉計画が策定されるようになった。その後1969年の地方自治法の改正（第2条第5項）によりあらゆる施策の基本となる総合計画の策定が市町村に義務づけられ、この計画の一部に社会福祉計画が盛り込まれるようになった。さらに1970年代後半になって、神戸市の「"こうべ"の市民福祉計画」のように先駆的な自治体が独自の取り組みとして社会福祉計画を策定する動きが出てきた。

　しかし社会福祉計画が実体として確立したといえるのは、在宅福祉、施設福祉などの事業について達成すべき数値目標を掲げた最初の計画である「高齢者保健福祉推進十カ年戦略（ゴールドプラン）」が策定された1989年以降である。その後1990年の「老人福祉法等の一部を改正する法律」（社会福祉関係八法改正）によってすべての自治体に老人保健福祉計画の策定が義務づけられた。1994年には社会全体での総合的な子育て支援を意図した「エンゼルプラン」が、1995年にはノーマライゼーションの実現、社会的自立促進など7つの視点から施策の重点的な推進を図る「障害者プラン」が策定され、社会福祉の主要な領域で計画化が進んだ。また「障害者プラン」は数値目標を設定するなど具体的な施策目標を明記しており、「エンゼルプラン」は実

施計画として「緊急保育対策5カ年事業」が策定され、低年齢児保育、延長保育など緊急に整備すべきサービスの数値目標が示された。

さらに、前述した老人保健福祉計画の策定が市町村と都道府県の義務になったこと以外にも、「高齢者福祉サービスと身体障がい者福祉サービスが市町村に一元化された」「市町村が保健サービス、施設福祉・在宅福祉の両サービスの総合的な実施責任を全面的に負うことになった」「市町村が介護保険制度の保険者になった」ことで「福祉の地域化」が進んだ。[1] このような動きのなか、2000年の社会福祉事業法の改正では地域福祉の推進が目的の1つとなったが、その達成のために市町村が「市町村地域福祉計画」を、都道府県が市町村の地域福祉の支援を定める「都道府県地域福祉計画」を策定することになった。

また、市町村社会福祉協議会は民間団体であるが、地域住民の参加の推進やボランティア、福祉教育、まちづくりなどの実績があることから、市町村地域福祉計画の策定に積極的に協力することが期待されている。さらに社会福祉協議会が中心となって策定している地域福祉活動計画は、住民などの福祉活動計画として地域福祉推進を目指すものであることから、地域福祉計画とその内容を一部共有したり、地域福祉計画実現の支援策を盛り込むなどの連携も求められている。

以上のことから戦後の社会福祉計画の特徴を整理すると、大きく次の二つが挙げられる。

第1に、当初は国の経済計画や社会保障計画の中で示されていたが、独自の領域として策定されるようになり、実施主体やスケジュール、予算措置などの実施計画をともなったものになってきた。第2に、福祉の地域化が進むなか、計画の主体が国から地方自治体や民間団体である社会福祉協議会に推移してきている。このような動きの背景にあるのは、①個人や家族を取り巻く環境が大きく変化したことによる福祉ニーズの増大や高度化、多様化に対応するためには、社会福祉の計画的整備が不可欠になってきていること ②住民にとって一番身近な市町村の福祉行政のあり方が重要になってきている

ということである。

1－2　社会福祉計画の類型

　社会福祉計画は、計画のレベルからみて抽象度の高いものから順に「基本構想」「基本計画」「実施計画」となっている。「基本構想」では社会福祉あるいは地域福祉がどのようにあるべきなのかということに基づいて計画の基本的視点を明確にする。さらに地域分析のために収集された情報の分析結果から問題点を明らかにし、最終的に到達すべき目標を設定する。「基本計画」は、基本構想で定めた目標を実現するために取り組むべき課題を決め、それぞれの対応策を具体的なプログラムの形で体系的に示す。「実施計画」では、誰が、いつまでに、どのような方法で、どのくらいの費用をかけて事業を行うのかといった実施に向けた具体的要件を決める。

　また計画は期間によって長期計画、中期計画、短期計画に分けられるが、「基本構想」は10年、「基本計画」は5年、「実施計画」は1年から3年とされることが多い。

1－3　社会福祉計画の計画技術

　社会福祉計画策定の手順は、計画策定 (Plan) → 実施 (Do) → 評価 (Check) → 修正・改善 (Action) のPDCAサイクルをとる (『社会福祉原論 I』p.119「図2　社会福祉計画策定の手順」参照)。
　以下、それぞれの手順を具体的に述べる。

1）計画策定 (Plan)

　地域の課題やニーズを把握するための方法は、①住民懇談会の開催　②キーパーソンへの意見聴取　③サービス受給率の確認　④社会的指標の分析　⑤社会調査の実施などが挙げられる。　またこれらの方法に加え、行政の福祉担

当職員、福祉施設および在宅福祉サービス提供機関の職員、保健・医療関係者、住民組織の参加者、福祉分野に関わる制度・法律などに詳しい専門家などとの勉強会や連絡会といった定期的にコミュニケーションがとれる機会を設けることも有効である。

そして計画策定の際に重要なのは目的や目標をしっかりと意識し、これを踏まえて「基本構想」「基本計画」「実施計画」を策定することである。

2）実施 (Do)

より確実に目標を達成するためには、まず計画に関する住民の理解を深めるための広報活動が重要である。次に「実施計画」のなかで決めたとおりに人・物・金・情報などの社会資源が投入されているか、サービス提供体制の運営は適切であるか、必要な人に必要なサービスが届いているかといった進捗状況の確認が必要である。

3）評価 (Check)

評価では、①計画どおりに活動が展開されたか ②設定された目標をどの程度達成したか ③問題解決の過程を通して住民参加や問題解決能力の向上がどの程度高まったか ④住民の要求や意見がどの程度活動に反映されたかという点に着目する必要がある。また評価の際には、計画実施の4つの段階、①人・物・金・情報といった社会資源の投入段階（インプット）②これらの資源からサービスを生産するための処理の段階（スループット）③活動からサービスが産出される段階（アウトプット）④サービスが利用者に効果を与える段階（アウトカム）をとらえる必要がある。

代表的な評価手法には、①ニーズ評価 ②プロセス評価 ③効果評価 ④効率評価がある（表1）。

表1　評価の手法と内容

評価手法	内容
ニーズ評価	特定のサービスの対象範囲にある人々およびそのニーズ、発生している問題について調査し明らかにすることにより、そのサービスが計画策定時に設定した目標を達成できるように展開および実施されてきたかが評価できる。
プロセス評価	計画の実施過程をモニタリングすることで、どのように計画が運営されているか、計画の中に組み込まれているサービスはどのような手順で誰が受けているのかといったことを把握するのに有効。
効果評価	計画を実施したことで目標に到達するための望ましい変化がどの程度起こったかを社会調査法を使って実証的に測定する。
効率評価	計画の経済的効率はどうであったか、つまりかかった費用はいくらでどのような便益があったかを貨幣評価する、費用－便益分析がある。

4）修正・改善 (Action)

　計画から外れた活動を修正したり、環境の変化によって生じた事態へ対応をするためには、計画の修正や目標達成に必要な改善を行わなければならない。そのためには評価を適性に行うこと、評価機関に福祉分野の専門家や学識経験者、当事者および住民代表からなる第三者を入れることが望ましいが、判断の基礎となる情報は計画の主体にフィードバックされなければならない。つまり、事業運営の硬直化を避けるためには情報の流れを確保し、PDCAサイクルを計画策定の段階で組み入れておく必要がある。　　　　（長倉真寿美）

2．公私関係

2－1　「公」と「私」とは

　「公」とは「私」とは、あるいは「公私関係とは何か」については、古くからさまざまな視点から論議が進められている。ここでは、いくつかの分類をあげることで、その特質を整理してみたい。

1）サービス提供組織の特質による分類

　英国ブライトン市で行われた第21回国際社会福祉会議の日本国委員会による報告書では、公私の分類をサービス提供の組織の特質で説明している。

　公的なもの・公共団体の組織とは、①国の組織　②地方公共団体の組織、それに対して、私的なもの・民間の社会福祉組織として、①社会福祉法人（含、社会福祉協議会、共同募金会）②必ずしも福祉に関する事業を行っているとは限らない公益法人や私人によるもの　③特殊法人としての社会福祉事業振興会や日本赤十字社などをあげている。

2）社会福祉サービスの区分としての分類

　わが国の社会福祉法では、社会福祉サービスの全体的な区分として、第1種社会福祉事業と第2種社会福祉事業という分類をしている。第1種社会福祉事業とは、「公共性が高く、サービス利用者に重大な影響を与えると考えられ、強い規則・監督が必要とされる事業」（第2条第2項、第60条）で、経営主体は、原則として国・地方公共団体、社会福祉法人となっている。第2種社会福祉事業とは、第1種社会福祉事業と比べると、それ程強い規制や監督が必要とみなされない事業で、主として通所施設を経営する事業や在宅サービスを経営する事業などがこれにあたると規定されている。（第2条第3項、第69条）

3）福祉ミックスという分類

　また最近では、①公的セクター（政府セクター、すなわち国・都道府県・市区町村など国の行政部門あるいは法的部門）②民間営利セクター　③民間非営利セクター（ボランタリー部門）④インフォーマルセクター（家族や親族・近隣など）という4つに分類される福祉ミックスといういい方で論じられることもある。民間機関は、福祉のサービスを提供している地域のさまざまな団体や、福祉のサービスの利用者や関係者のグループ、近年法制化され、その数を増しているNPO（特定非営利活動法人）などである。

2－2　措置制度と公私関係

　社会の発展は、「公」である政府機関と「私」である民間機関との協働・協力関係なくしては達成されないとされているが、わが国の福祉の公私関係を複雑にしていたものに、「措置制度」がある。「措置」とは、福祉サービスを必要とされる人に、公的な責任で福祉のサービスが提供されることである。社会福祉法で定められている第1種社会福祉事業は、経営主体として公的な責任で行なわれる福祉サービスの中に、民間の組織である社会福祉法人が含まれている。これが、民間組織に対する法的な取り決めと、「措置費」という財政的な援助の下で行われた措置制度である。公的な責任を民間の組織に肩代わりさせるという仕組みである。

　社会福祉の「措置」は、行政が福祉のサービス決定を職権で決める仕組みで、施設に入所することが必要な人、入所を希望する人が、自分の行き先や入所するかどうかの選択も、その申請や手続きの段階で家族の意向は聴かれても、最終的には行政の判断の下で行われる。このような制度が導入された背景は、終戦直後のわが国の社会の状況にあった。かつての資産家や限られた民間の社会福祉事業家によって行われていた社会福祉施設は戦災によってこうむった多大の被害を整備する必要があった。福祉サービスを提供するにも資金が不足しており、公的な財政援助が必要とされた。1970年度においては、国庫補助金4億3,557万円、社会福祉事業振興会の無利子融資4億5,374万円が投入され、46カ所の施設が建て替えられた。老朽施設の改築整備のための資金需要も大きく、1946年度には国庫補助金約6億8,000万円、社会福祉事業振興会融資額約3億4,000万円の助成が行われた（1971年度『厚生白書』）。また1970年度に投入された国庫補助額は53億円である。それが1971年度においては83億円と大幅の伸びがみられている。都道府県も市町村や社会福祉法人に対して整備費の4分の1に相当する額を補助している。

　第1種社会福祉事業は公的な責任のもとに行われるものであるが、実際には、公営の施設に代わって、民間の社会福祉団体、主に社会福祉法人が事業

を展開しており、その対価として「措置委託」という形が存在した。公的な責任で行わなければならない社会福祉事業を、民間の社会福祉団体に公的なサービス提供の実質的な責任を負担させたということである。民間の福祉施設は、その公的な責任をお金を受け取ることで、そのサービスを代行する「代行業」であった。特別な場合を除いて、自由に利用者を選ぶこともできず、業務だけでなく金銭の使い道に至るまで細部にわたる規則が課せられた。

　民間の組織の独自性、開拓性、先駆性などは、国の強い規制のものでそれを発揮することはまず難しいことであった。

2－3　「福祉の見直し」と公私関係

　社会福祉の歴史の中で、公私の関係について変化がおきたものとして、1973年のオイルショックとその直後の「福祉の見直し」があげられる。1973年、日本政府は老人医療費無料化や年金の物価スライド化を行い、この年は「福祉元年」といわれた。しかし、1975年には、経済の低成長などによる結果として「福祉見直し」へと事態は一転した。国民の生活に直結する社会保障や社会福祉、医療や教育、農業や中小企業など大幅な削減が行われた。

　「福祉の見直し」は1980年から実施されたが、1つの特徴としてあげられているのが、社会福祉における国民の自己負担増と国庫負担の削減という点である。「福祉の見直し」では公私の役割と限界が論じられ、公私の機能分担と協力が検討された。

　高度成長などの経済的・社会的状況の変化は、都市化、産業化、過疎化、あるいは公害や環境問題という新たな問題を派生した。そのなかでの少子・高齢化、家族機能の変化などの社会問題は、特に深刻な問題としてとらえられた。伝統的家族機能の変化による介護機能の低下は、国民の誰もが直面する問題として、最大の課題となった。従来の福祉の対応では、今までにない多様なニーズ・個別の課題を抱えている人たちのニーズに直接的に対応することができないということは明らかであり、そのための対策が急務とされた。

そこで新たな福祉のニーズに対応するための公私の協働ということが考えられるようになった。

　1990年に「福祉八法の改正」が行われ、実質的な権限が市町村に委譲され、地方自治体の権限で福祉行政が行われるようになったが、それと同時に、地域住民による自主的な活動を地域で展開する提案や、ボランティアによる活動など、地域住民による自助努力や相互扶助が要求された。いわゆる公助・自助・共助による地域活動の推進の一方で、民間活動や施設への助成の問題が地方行政にとって大きな問題として出てきた。

2－4　社会福祉の基礎構造改革と公私関係

　今までのわが国の福祉のサービスは、市場で対価を支払って購入するものではなく、ほとんどの場合が、法律によって決められた公的な制度の下で提供されているものを国民が利用するという形であり、そのサービスに必要な費用は、税金を財源とする国や地方自治体の負担であった。しかし、経済の低迷状態の中では、国や地方自治体の財政も十分に期待できない。このような状況の下で多種多様な福祉需要に対応するためには、効率よく適切なサービス提供が行われることが必要であり、よりよい福祉のシステムの構築が求められた。

　政府は、日本における社会福祉の抜本的改革として、2000年6月、『社会福祉の増進のための社会福祉事業法の一部改正する等の法律』(「社会福祉法」)を制定・施行した。そこでは、「公」がサービス提供の決定や責任を負うのではなく、福祉サービスを利用する人とサービス提供者との対等な関係のなかで、契約に基づいて自由にサービスを選択するという福祉の形が示された。また今までサービス提供を主として行っていた社会福祉法人のみならず、民間営利法人なども、一定の基準を充たせば、その市場に参画できるようになった。

　これからの福祉の公私関係は、社会の情勢によって変化する多種多様な国

民のさまざまなニーズに沿うためには、阿部志郎が指摘するように、"公的な責任ですべきこと"、"公私で選択すべきこと"、"公私が協働で行なうべきもの"、"民間の責任に属すきべきこと"と分けられる作業が求められ、そこに、福祉や医療、保健、教育、労働などが絡みあいながら、連携をとりあうことが必要とされるであろう。

3．社会福祉財政

　社会福祉のニーズの多様化にともなって、多くの福祉サービスが、さまざまな形で提供されている。この福祉サービスに使われる費用は、どのようになっているのであろうか。
　社会福祉サービスにかかる費用、すなわち社会福祉の財源は、①公費 ②利用者による負担 ③補助金などがある。

3－1　社会福祉の財源

①公費とは、国や地方公共団体が支出するもので、国が国民から徴収している税（国税）と地方公共団体が徴収している地方税である。これらの税金は、一般財源として社会福祉のサービスをする場合の財源として使われる。一時、消費税を福祉のために徴収して財源を確保するということがいわれたが、未だ実施されていない。
　公費は、国や地方公共団体がその責務をになっている社会福祉サービスに必要な経費として支出するもので、社会福祉法人などへ委託している場合は、委託費や補助金として、さらに国や地方公共団体が設置経営する国立・公立施設などの費用などにあてられる。その他、社会福祉事業団や医療事業団などへの出資金という形をとることもある。

②他に公費としての財源は、保険料の拠出金がある。

　国民は、国民年金や医療保険に加入しているので、保険料を支払っている。これらの拠出金とその運用で、その保険の加入者に年金や医療を給付している。

　介護保険が導入される以前の高齢者介護の領域では、特別養護老人ホームを利用する場合は、要介護度に関わらず、その利用負担は本人と扶養義務者の所得で負担額が決められた応能負担であり、その対応は、老人福祉法によって租税を財源するものであった。しかし、これは、介護保険制度の導入によって、措置費から保険料という形に変わった。介護保険は、国庫負担や国庫補助が行われている。

③利用者負担は、サービスを利用する者が、そのサービスを受けるための費用負担をするものである。

　これには応能負担と応益負担の2種類がある。

　応益負担とは所得に関係なく利用しているサービスによって決められた金額を負担することである。

　例えば介護保険や障害者自立支援法が適用されるサービスを利用する場合の自己負担などである。介護保険が導入される以前の高齢者介護の領域では、特別養護老人ホームを利用する場合は、要介護度に関わらず、その利用負担は本人と扶養義務者の所得で負担額が決められた。その対応は、老人福祉法によって租税を財源するものであったが、介護保険制度の導入によって、契約をして利用料を払うことになった。これは対等な関係の中でサービスを受けるということである。介護保険は、要介護度に応じてサービスの上限が決められているので、それ以上のサービスを望む人は、自己負担が生じてくる。

　応能負担とは所得によって、サービス利用に必要な費用を負担するもので、例えば、保育園の保育料や軽費老人ホームの利用料である。

④補助金は、「赤い羽根」の共同募金による配分金、お年玉つき年賀郵便の寄付金、競輪など日本自動車振興会や日本小型自動車振興会、中央競馬馬主福祉財団などから、民間の社会福祉事業に支出されている。とくに地域の福祉事業については、共同募金からの配分や寄付金、行政からの事業委託に対する受託金、介護保険事業による収入や自立支援法に基づく収入が、財源となって計上されている。

　社会福祉行政は、国が自ら直接的に福祉の実施事務を行うことは少なく、地方公共団体や都道府県・市区町村の長が実質上の事業主や実施主体になっている場合も多いので、国による経費の負担や補助が行われている。わが国の社会福祉の予算のほとんどは、地方自治体に対する特定補助金である国庫支出金であり、わが国の、社会福祉行政は、国と地方公共団体との費用負担ということから、国家財政と地方財政の両方から支えられているということができる。

3－2　国と地方公共団体との費用負担の財政上の取り決め

　国と地方公共団体との財政上の負担区分に関する取り決めは、地方財政法で定められている。地方公共団体の収入は、国庫支出金と地方交付税交付金である。国庫支出金とはそれぞれの事業別に、国の負担金や補助金として地方公共団体に支出されるもので、それが市町村であれば、都道府県支出金となる。

　地方交付税は、各地方自治体が標準的な行政を行うために必要な経費（基準財政需要額）に対して、標準的な収入（基準財政収入額）が不足した場合に、その不足分を補うために国から交付されるものである。しかし地方交付税の総額は国税収入に対して一定の額が決められているので、全て不足分が補われるということではない。地方公共団体において一般補助金あるいは一般財源といわれているものが、地方交付税として交付されているものである。法令や法律によって本来的には、国の業務とされているものを、地方公共団

体に「団体委任事務」あるいは「機関委任事務」としているものもあり、その場合には、国が一定の割合の財政負担を行っている。

　生活保護制度は、最低限度の生活の保障と自立の助長という目的を持っている。憲法第25条の第1項「全ての国民は、健康で文化的な最低限度の生活を営む権利を有する」、第2項「国は、全ての生活部面について、社会福祉、社会保障および公衆衛生の向上および増進につとめなければならない」と規定しており、これは国の責任で最低限度の生活保障をするという生活保護法の基本原理である。生活保護では、保護費の4分の3を国が負担し、4分の1を実施機関である都道府県、市や福祉事務所を管轄する町村が負担する。

　憲法第25条の規定に基づいた生活保護制度やさまざまな社会福祉・社会保障制度の実施に関して、国が直接実施する年金制度、自治事務として運営されている国民健康保険制度・介護保険制度など、国と地方公共団体が制度の目的や実施の効率などを考慮して役割を分担が規定されている。そのほか、児童相談所の運営なども機関委任事務の形がとられていた。

　このように、国と地方公共団体の間に、機関委任あるいは団体委任事務というような形で、行政権限の配分が法で定められていた。そして国からの財政面の援助＝財政負担をすることによって、国による行政的な縛りがあったことも事実である。

　しかし、国と地方自治体の役割分担に関して、「見直し」が行われ、地方自治法の改正によって、2000年に地方分権一括法が施行された。これにより、機関委託事務制度が廃止された。これは、住民の福祉に直接貢献するために、国と地方の役割分担を明確にして、国から地方へ、都道府県から市長村への事務や権限の委譲ということである。地方の役割や権限の拡大という点では大きな意味がある。

　ところが、国庫補助負担金の廃止により、補助金の申請や審査・決定などの過程での膨大な事務処理がなくなったので、国にとっては、事務処理の大幅削減のみならず、人員削減にも繋がってゆく。地方公共団体は、国庫補助負担金の廃止により、創意工夫をこらした、より自主的な事業ができること

になるが、財政的な効率化、合理化をはからなければならず、地方自治体の負担に関しては、多くの課題が残されている。

3-3 民間社会福祉事業の財源

　民間の社会福祉事業の財源は、国および地方公共団体の補助金と委託費、共同募金会等からの寄付金、競輪や競馬等からの補助金、社会福祉・医療事業団からの借入金、収益事業部門からの収益、助成法人からの助成などに大別される。

　今まで社会福祉施設の運営上、最も大きな位置を占めていたのは、地方公共団体からの措置費であった。措置費は、日本の社会福祉施設のサービスの標準を一定のレベルにまで引きあげたという功績があったとされているが、創意工夫のない極めて画一的な運営、個別的なニーズの充足よりも集団的サービスの優先など、問題は多かった。

　社会福祉基礎構造改革の流れの中で、個人による選択・契約という今までの福祉の流れを変える画期的な介護保険制度（2000年）が導入された。社会保険と公費の負担で保障をするというものである。

3-4 国の財政における社会福祉の費用

　わが国の一般会計の予算に見る社会保障関係費は、生活保護費、社会福祉費、社会保障費、社会保険費、保健衛生対策費、失業対策費に分類されているが、財務省の資料によると、社会保障関係費の中で一般歳出に占める割合は、1960年度15.8％、1970年度19.6％、2008年度では46.1％となり、高齢化の進行にともなって、社会保障関係費が年々増加をしている。この傾向は今後も急速に増加が見込まれている。財政事情は、厳しくなると予想される。[2]

（柏木美和子）

〔註〕
1）右田紀久恵『自治型地域福祉の理論』ミネルヴァ書房、pp.420-241
2）一般歳出とは、国の歳出総額から借入金返済に使う国債費や地方自治体に配分する地方交付金を差し引いたもの。

参考文献
* 右田紀久恵『自治型地域福祉の理論』ミネルヴァ書房、2005年
* 黒木保博・小林良二・坂田周一・森本佳樹編『ソーシャルワーク実践とシステム（社会福祉基礎シリーズ３）』有斐閣、2002年
* 定藤丈弘・坂田周一・小林良二編『社会福祉計画』、1996年
* 社会保障審議会福祉部会「市町村地域福祉計画及び都道府県地域福祉支援計画策定指針の在り方について（一人ひとりの地域住民への訴え）」、2002年
* Grinell, R.M., Jr. (1988). Social work research and evaluation. Itasca, IL : Peacock.
* Powers, G.T., Meenaghan, T.M. & Toomey, B.G. (1985). Practice focused research : Integrating human service practice and research. Englewood Cliffs, NJ : Prentice-Hall.
* 真田　是『民間社会福祉論―社会福祉における公と民』かもがわ出版、1998年
* 岩田正美・武川正吾・永岡正己編『社会福祉の原理と思想』有斐閣、2008年
* 三重野卓・平岡公一編『福祉政策の理論と実際』東信堂、2005年
* 斉藤愼・山本栄一・一圓光彌編『福祉財政論』有斐閣ブックス、2002年
* 小田兼三・杉本敏夫編『社会福祉概論』勁草書房、2006年
* 炭谷茂編『社会福祉基礎構造改革の視座―改革推進者たちの記録』ぎょうせい、2003年
* 国際社会福祉協議会日本国委員会編『社会福祉の公私関係―社会的進歩にむけて』、1982年
* 仲村優一・秋山智久編『社会福祉概論』ミネルヴァ書房、2000年
* 財務省ホームページ：http://www.mof.go.jp/zaisei/com_04_g02.html
* 仲村優一「社会福祉の公私関係」『社会福祉研究』第28号、4月号　鉄道弘済会、1981年
* 斉藤愼・山本栄一・一圓光彌編『福祉財政論』有斐閣ブックス、2002年

第6章
福祉政策と保健・医療の連携

Key words：
健康の定義、保健・医療と福祉の統合、ウェルビーイング、予防医学、リハビリテーション

　日本における医療は、諸外国に比し、入院期間が長く、本来は福祉が担うべき生活の場を肩代わりしていた。介護する家族がいないなどの社会的理由で、病院に長期入院しているケースも多くみられていた。結果として、高齢化社会を乗り切るための医療費の財源難を引き起こした。そこで、医療と福祉を分離し、効率のよいサービスを提供するために介護保険制度が創設された。また、医療・保健と福祉の連携により、さまざまな生活次元において、身体的・心理的・社会的要因を統合した健康な状態であるウェルビーイングを導き出す必要があり、このためには、保健・医療・福祉サービスが、分断されない連続したサービスとして提供される必要がある。

1．保健・医療と福祉

　日本における医療は、生活の場を病院に求める傾向があり、諸外国に比べると、入院期間の長いことが特徴であった。また、介護する家族がいないなどの理由で、病院に長期入院する社会的事由によるケースも多くみられていた。これは、医療が、本来は福祉が担うべき生活の場面を肩代わりしてきたということに他ならない。結果として、到来した高齢化社会を乗り切るための医療費の財源難を引き起こしており、現在では、入院期間の短縮化が図られている。

　また、2000年の第4次医療法改正により、「一般病床」と「療養病床」が明確に区分された。一般病床とは、精神病床、感染病床、結核病床以外の病床を指し、主として急性期の治療にあたる病床を指し、療養病床は、主として長期にわたり療養を必要とする場合の病床を指している。一般病床における人員配置は入院患者16名に対して医師1人、看護師は入院患者3名に対して1人が最低基準とされている。一方、療養病床は入院患者48名に対して医師1人、看護師は入院患者6名に対して1人、看護補助者が6名に対して1人が最低基準として決められている。療養病床は居住の場としての意義が大きく、療養と生活が合体した場であり、医療と福祉の合体した場ということになろう。

　「療養」という言葉の意味は治療して保養するという意味であり、急性期の病気を治療した後の回復のための保養という意味である。医療における病床は明らかに急性期の治療のためのものと慢性期の療養を目的としたものに分けられる。慢性期の療養を目的とした病床は、療養型病床と呼ばれ、医療保険下におけるものと介護保険下におけるものの2つに分類される。介護は本来、在宅が基本であり、施設はその後方支援をする場所という位置づけになるが、症状は安定しているが介護が必要な人は「特別養護老人ホーム（指定介護老人福祉施設）」、自立のためにリハビリが必要な人は「介護老人保健施設」、そして医療の必要度の高い人は「介護療養型医療施設（以下、療養

型病床)」という区分になる。

　厚生労働省は2005年に2012年をもって、介護保険下の療養型病床を廃止し、医療保険下の療養型病床に統合することを発表している。再編の主目的は、ベッド数の削減にあり、療養型病床は医療依存度の高い患者のみに限定し、いわゆる社会的入院（介護者がいないなどの理由）を回避する意味もある。厚生労働省は、最終的には現在の「医療療養病床」25万床が、2012年度には約15万床になると試算している。急性期を過ぎても病気が治りきらない高齢者の専用病床という意味がより明確になると考えている。

　療養病床では、一般病床の1部屋6床を4床と広く取り、患者用の食堂・浴室を設けるなど生活の場としての施設整備が要件になっている。2001年に導入された介護保険は医療と福祉の財源を分離し、統合されたサービスを効率よく提供しようとするものである。

　日本では、医療と福祉の連携、保健と福祉の連携が強調されつづけている。考えてみれば、福祉は人々のよりよい生活の質を追求するものであり、経済的問題などで、単に生活に支障を来している人々を対象にしているだけではなく、すべての生活者を対象としている。医療も今や疾病の治療を主とするものではなく、急性の病気はその治療により病気が治癒すれば、もとの生活に戻れるが、慢性の疾患で、しかも後遺症をともなえば、その後の生活には大きな支障を来す。したがって、もとの生活に戻るためには、回復のための医療と福祉の統合されたサービスが必要となる。これは、失った機能を取り戻すという医療的側面と、生活のために必要な機能を取り戻すという社会的側面がある。

　例えば脳に障害を残して治癒した人では、歩行など移動のための機能を取り戻す必要が出てくる。また、買い物をする、金銭を数えるなど生活のためのスキルを取り戻す必要が出てくる。病気の急性期は医療サービスが主流であり、回復期になると医療と福祉サービスの双方が補完しあい、次第にもとの生活を取り戻すための福祉サービスが主流になってくる。このことから、医療と福祉は一線上にあり、連続した切れ目のないサービスとして提供され

る必要がある。すなわち、利用者にとってみれば、医療と福祉の切れ目を実感することはなく、この切れ目は弊害になっても、何の益ももたらさないものである。これはサービスを提供する側が、便宜上分類しているに過ぎないことに気づくであろう。

2．医療と福祉の変革

2－1　治療医学から予防医学の時代へ

　世界全体で見ても医療全体の流れは、医療から保健へと視点が拡大し、日本でも、医療はすべての人々を対象とした保健へと大きくシフトしてきている。たとえば、日本人の3大死因は悪性新生物（がん）、脳卒中、心臓病であり、これらは長年の生活習慣により惹起されることがわかっており、かかった病気を治すのではなく、生活習慣の改善により予防しようという考えが定着した。

　2008年4月より、40歳以上の健康保険に加入している被保険者全員に義務づけられた特定健診は、メタボリックシンドローム（内臓脂肪症候群）健診のことで、40歳から74歳までの全保険者、被保険者全員に義務づけられている。メタボリックシンドロームの該当者や予備軍を早期に発見することで、生活習慣病を予防し、医療費を抑制することを目的にしている。このことは伸び続ける医療、福祉の需要を軽減することができることも重要であるが、人々の健康寿命を延長し、生活の質そのものを高めることにつながる。すなわち、「健康で長生きすること」を実現させることに他ならない。

2－2　国民すべてを対象とした社会福祉サービスの時代へ

　かつて、社会福祉はサービスの対象や内容が経済的困窮者に対する救済が主となる特別なサービスと認識されていた。そのために、福祉サービスを利

用することがスティグマに結びつき、利用する権利があるにもかかわらず利用を拒否する人々が少なからず存在していた。今では、すべての人々がよりよい暮らしを求め、自分自身がサービスを利用する主体であるという利用者としての権利が芽生えてきた。また、サービスを利用するためには応分の負担も必要であることへの理解も高まり、従来のように、福祉サービスはある特定の人が受けられる無料サービスという観念から脱却してきた。したがって、サービスの質を追求する権利意識も高まってきており、よりよい生活のためによりよい福祉サービス、すなわち高品質の福祉サービスが求められるようになってきている。

2−3　医療と福祉の統合化の方向

　このように医療はすべての人々を対象とした疾病治療から予防（ヘルスケア）へとその重心が移り、福祉も単に困窮者の救済ではないすべての人々の生活の質を高めるためのサービスへと転換され、医療と福祉の目的や対象の間には明白な差はみられなくなった。ここに保健・医療・福祉の統合という理念が誕生したのである。

3．ウェルビーイング (Well-being)

　人々の生活を中心に考えるとき、よりよい生活を送るためには、金銭や物質に恵まれることも求められるが、すべての生活の基本は健康であり、健康こそがその資源になる。また、人々は自身の健康を保持・増進する基本的権利を持っており、この権利は自らが主張し、あるいは専門家が代弁（アドボカシー）し、より健康を高めるための取り組みが行われている。
　それでは、よりよい健康とはどんな状態を示すのか、WHO (World Health Organization) 憲章の前文に示された健康の定義を引用すると、「健康とは完全な身体的、精神的、社会的にWell-beingの状態であり、単に疾病や病弱

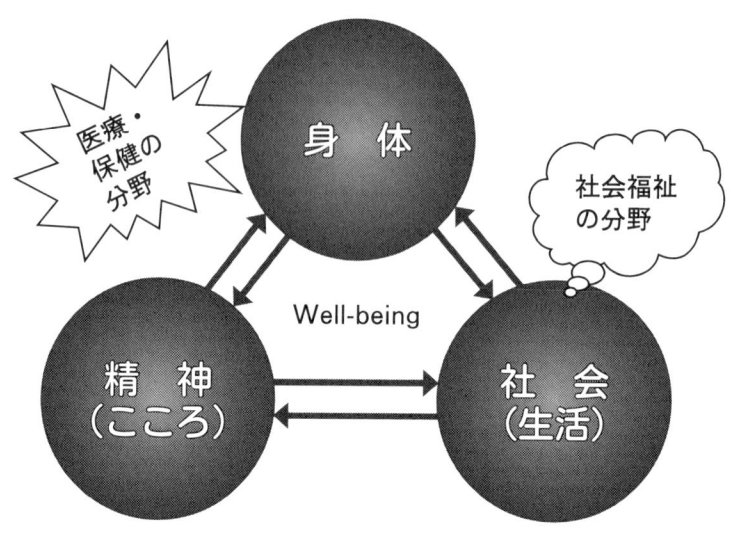

図1　健康の概念

が存在しないということではない」。このこと自体は、まさに理想であり、この理想に達するには多くの難関を突破しなくてはならない。健康であるためには、「身体」「精神」「社会」という3つの要素とも完全なウェルビーイング (Well-being)（図1）の状態であらねばならない。

ウェルビーイングとは日本語では「福祉」「福利」あるいは「良好な状態」と訳されるが、必ずしも適切ではない。そこで、本節では、保健・医療分野と社会福祉との連携を中心に、具体例2例を提示しながらウェルビーイングな状態について理解を深めたいと思う。

また、「保健福祉学」という学問および実践領域が提唱されており、高山らの定義を要約すると、単なる保健学と福祉学の複合学問ではなく、何らかの支援を必要とする人に対して、人間科学を活用した学問および実践であるという。これは、主体性をもった存在である人間を、生涯発達の過程にある総体としてとらえ、さまざまな生活次元において、身体的・心理的・社会的要因を統合し、QOLの向上を追求する学問および実践を意味している。現

在では、社会福祉は単に社会的に困っている人々（社会的弱者）に援助の手を差し延べるという狭い概念ではなくなっており、すべての人々の生活の質を高め、よりよい生活の場を築くための支援や援助およびその環境を整備するという概念に変化している。また、保健医療も単に疾病の予防や治療を意味するのではなく、すべての人々の健康を高め、公平に治療や失った機能の回復のためのサービスが受けられ、個々の人々の生活に基盤をおいた総合的サービスと考えられるようになっている。ここに、保健福祉分野は保健・医療・福祉の合体した全人的取り組みととらえられるようになってきている。

　ウェルビーイングについて、事例を挙げてみると、20歳代で結婚した夫婦に子どもが生まれた。この子は出産予定日にはほど遠い妊娠6カ月をわずかに過ぎた頃に、出産に至ってしまった。結果として、子どもはわずか600グラムの体重で生まれ、重度な障害をともなうことになった。現在は地域の療育機関や神経専門病院に通院しつつ、特別支援学校（養護学校）に通学している。この母親は、その後、障害のあるわが子の子育ての価値観のずれから夫と離別している。

　これらのことから、この母子はウェルビーイングからはほど遠い存在といえるであろうか。身体的な健康とは身体が頑強で機能的に故障がないことを意味しているわけではない。精神的な健康は強い精神力をもつということではないし、知的障害などの障害がないということでもない。社会的にウェルビーイングであるということは、経済的に恵まれていて、家庭的には両親が揃っていることや子宝に恵まれていることを意味するわけではない。まして、社会的地位があるということでもない。この親子は、一般の人からみれば、「かわいそうに」と表現され、いかにも不幸の象徴のようにとらえられている。

　この親子を観察すると、子どもは小学校5年生であるが、母子の間はしっかりした愛情の絆で結ばれている。母親は子どものために、自分自身の少々の犠牲は、いとわない構えであるが、自分自身のQOLはしっかりと追求している。一方で、障害のあるわが子を一生支えるという覚悟もできている。子どもも母親を頼り、一番大切な存在と思っている。母親の前ではしっかり

と自己主張をし、障害のない子どもたちより、より強い母子の関係が築かれている。確かに身体的には運動障害があり、てんかんを合併、知的障害もあり、さまざまなハンディキャップを抱えているが、自らの可能性を広げ、すくすくと育っている。一方、母親は就労しており、子どもとの生活を支えており、地域のグループ活動の責任者としても活躍している。また、障害児の母であることを堂々と宣言し、社会の保健・医療サービスや障害者福祉サービスを貪欲といえるほど巧みに活用している。子ども自身と自分にとって、質の高い生活を実現させようと日々努力を重ねている。この親子を観察する限り、身体的にも、精神的にも、社会的にもウェルビーイングの状態にあるといえるのではなかろうか。要するに、障害がある、一人親家庭であるという要素はウェルビーイングな状態を計るとき、何の指標にもならないということを示している。

　もう一つの事例をあげると、夫は70歳代の後半に突然脳出血に見舞われ、これ以降は左半身麻痺の状態で、自宅に籠もる毎日となった。幸いにも夫婦で貯えた決して多くはないが蓄財もあり、年金と併せて生活は維持できていた。娘が2人おり、2人とも嫁いでいるが交代で訪れては両親の面倒をよくみていた。家は古いが持ち家であり、維持に費用がかかる点を除けば、経済的には困窮することはなかった。夫は男の頑固さとプライドが地域のリハビリテーション・サービスに参加することを拒み、麻痺側の四肢は徐々に硬直が進行していった。家庭でのADL（日常生活動作）は夜間のトイレ介助が必要な程度であったが、本人はリハビリテーションを拒否し、片麻痺による四肢の硬直が進み、老化の進行にともない外出はほとんどできない状態になった。病気のあることが健康であることを否定する要件にはならないが、積極的な回復のための努力や悪化を防ぐための努力が求められるにもかかわらず、かたくなに自宅に籠もり、機能を退化させていった。

　この事例では同年の妻がおり、夫の面倒をよくみていたが、脳出血後に夫の性格が変わり、人格的な変化はないものの、極端に増幅された頑固な性格に、翻弄されていたようである。夫自身にとっては、身体の自由が利かない

苛立ちはあるものの家族の支えにより、家長としての威厳を保障されて、その生活を維持していた。

　一方、妻は突然訪れた夫の片麻痺による介護の負担と、脳出血による夫の性格の変化には翻弄されたものの、時折訪れる嫁いだ娘たちや孫たちとの生活に大きな喜びを感じていた。しかし、月日の流れは非情であり、妻自身の身体および精神を老化による変化が蝕み始めていた。短期記憶障害（もの忘れ）、これに感音性難聴が進行し、次第に夫との2人だけの生活を困難にしていった。脳出血発病から10年、夫は大腸がんと再燃した肺結核のために他界した。妻にとって、この頃が経済的な面は別として、すべての面でQOLが極端に低下した時期であった。

　妻は現在90歳を超しているが、かたくなに一人暮らしを守り、交代で訪れる娘たちとの生活に満足している。近隣から娘夫婦と同居することを勧められたりしたが、頑として一人暮らしを堅持している。介護保険による要介護認定も、過去に要介護3と認定されていたはずなのに、状況はほとんど変わっていないにもかかわらず、90歳を超えた今日でも要介護1と認定されるという理解できない状況に置かれている。もっとも、本人は介護サービスを利用する意志が全くないため不満はないが、日常生活では、年齢相応の短期記憶の障害、骨粗しょう症による腰痛と進行する感音性難聴によるトラブルが生活に支障をもたらし、一人暮らしが困難になっている。本人は交代で訪れる娘たちに支えられており、衰え始めた認知機能も幸いしてか、本人にとっては今の状態が一番安定して幸せと考えているようである。果たして、このケースはウェルビーイングの状態といえるのであろうか。

　身体的には年齢相応の機能低下状態であり、精神的にも年齢相応の変化であろうし、現在の生活が維持できる限りは身体的にも精神的にも本人にとっては、ウェルビーイングの状態にあると見ることができる。しかし、社会的には社会サービスの活用をかたくなに拒み続けており、家族という私的資源が枯渇しない限りは、恵まれた環境にあり、本人にとってはウェルビーイングの状態にあろうが、家族がその生活を犠牲にしていることを思えば、社会

的にはウェルビーイングな状態にあるとはいい難い。

4．福祉政策と保健・医療の連携

　国民のウェルビーイングを求めるための社会サービスの展開は、保健・医療・福祉サービスが一貫したサービスである必要がある。要するに分断されない連続したサービスである必要がある。もちろん、ウェルビーイングの状態を維持するためには、前項で述べたとおり、自己努力も必要であり、国や地方公共団体、NPOなどの民間の組織や団体も加わって、その環境をつくるために協働する必要がある。また、社会福祉士法および介護福祉士法（2007年改正）では、定義および業務規定が改正され、「担当者は福祉サービスおよびこれに関連する保健・医療サービス、その他のサービスが総合的かつ適切に提供されるよう、地域に即した創意と工夫を行いつつ、福祉サービスを提供する者、または医師その他の保健・医療サービスを提供する者、その他

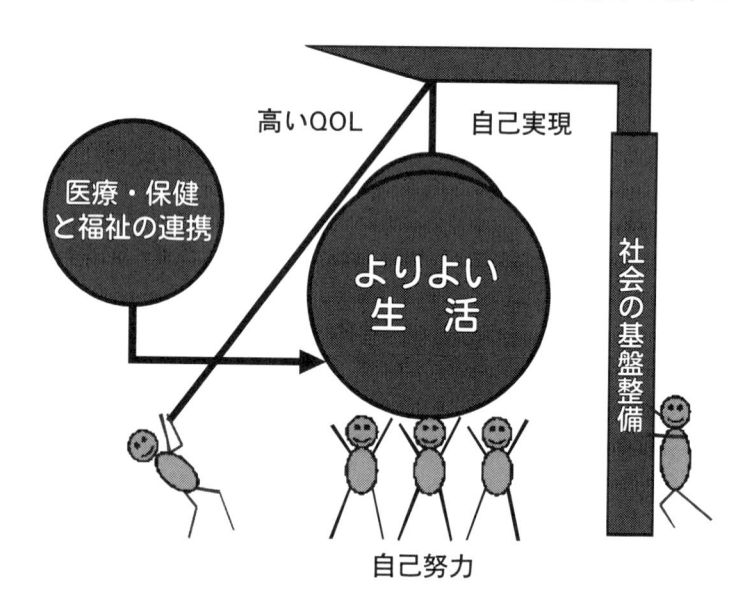

図2　よりよい生活の実現

の関係者との連携を保たなければならない」と、福祉の専門職が保健・医療の専門職と連携する（図2）ことを法に規定している。

4－1　よりよい生活の基礎づくりとしての保健・医療、福祉の連携

　よりよい生活を送るための基礎は健康であることに他ならない。元気で健康な老後を過ごし、寿命のある限り生を生き抜くためには、幼・小児期からの健康づくりが求められる。具体的には、現在、地域で実施されているさまざまな健康づくりのための活動があり、幼・小児期では、孤立した育児を予防し、育児にまつわるさまざまなトラブルを防止し、健康な子育てを保障するための保健・福祉サービス（子育て支援サービス）がこれにあたる。現在、全国的にその活動の場が急速に拡大しているものとして、「子育て交流事業（ひろば）」がある。また、同様にニーズが高いサービスとして、緊急時（冠婚葬祭、病気など）やレスパイト（息抜き）のための一時保育サービスがある。また、乳幼児の健康や生活状態のチェックのために地域の乳幼児健診がこの役割をになっている。2004年に児童福祉法の一部改正により誕生した要保護児童対策地域協議会は子ども虐待のみではなく、広く要保護児童（児童福祉法）に対する地域の取り組みとして設置され、まさに保健・医療・福祉の壁を取り払った、子育て家庭の援助のための地域の円卓会議の場であることを期待されている。

　思春期では、性の問題や子どもの非行に結びつく子どものこころの問題への対応が重要である。これらは地域をあげて取り組む必要があり、例をあげれば、非行やいじめ、不登校に対する地域社会の対応（要保護児童対策地域協議会）、女児のやせ願望から派生する摂食障害や男児でのメタボリック症候群の予防対策などがある。

　成人期ではメタボリック症候群（内臓脂肪症候群とも呼ばれ、心血管系疾患の予防を第1として提唱されたもの、腹囲を目安としている点はわかりやすい）の発生予防のための啓発活動や適切な栄養バランスと運動習慣を会得

するための体験学習などがある。また、職域で行われる健診は、自らの健康を見直すきっかけになっており、医学的検査結果をよりよい健康増進のために活用する人々も増えてきている。2008年より全国一斉にスタートした特定健診（メタボリックシンドローム健診）は、高齢期の健康寿命の延長、要介護状態の予防など保健医療と福祉の統合した取り組みとしての意義が深い。高齢期では寝たきり予防が重要な目標となっている。介護保険下では、要支援、要介護1と認定された高齢者の介護状態の進行を防ぐ目的で、筋力のトレーニングを行うなど、「介護予防」と呼ばれる取り組みが進められている。現在「元気高齢者」を中心として、アスレチックなどのトレーニングが盛んになっている。

　以上は、健康増進と疾病予防のための保健対策について述べたが、これらが、基盤になって出生から高齢期までの健康を保持し、豊かな生活を保障するしくみになっている。

4－2　チームアプローチ

　人権侵害を回避する取り組みも健康づくり対策の一環と考えられ、児童虐待、ドメスティック・バイオレンス、高齢者虐待の防止のための予防的活動を健康づくり活動に含めるべきと考えている。これは組織や専門性の垣根を越えた「人」同士の結びつきと地域での助け合いのシステムが必要であり、総体として健康を増進する結果を生むものである。すなわち、医療、保健、福祉、教育、法律の各専門家が一同に介して、人権を踏みにじられた人々を援助・救済する地域の保健医療福祉システムである。

4－3　適切な医療と機能回復のシステム

　疾病に罹患したとき、適切で質のよい医療を受けたいと願うのは人の常である。幸い日本では国民皆保険制度であり、経済的な格差による医療サービ

スの不公平が生じないしくみになっている。病気になっても、質のよい医療を公平に受療できるということが、QOLの低下を防ぐためには欠かせない。日本の医療は世界的にもその水準は高く、また、利用者が自由に医療機関を選択することができ、しかもすべて医療保険が適応される。昨今、医療における地域格差や救急患者の受け入れ拒否など、医療供給体制のほころびが目立ってきている。

　リハビリテーションとは、なんらかの原因によって傷つけられた人に対して、その権利、資格、尊厳、名誉などを回復することを意味している。障害を受けたことにより失われた機能を訓練により回復するという意味ではない。1982年の国連障害者世界行動計画により、次のように定義されている。「リハビリテーションとは、身体的、精神的、かつまた社会的に最も適した機能水準の達成を可能とすることによって、各個人が自らの人生を変革していくための手段を提供していくことをめざし、かつ時間を限定したプロセスである。」

　WHO国際生活機能分類（ICF）では、単に心身機能の障害により生活機能を分類するという従来の手法とは異なり、活動や社会参加、環境因子に大きく光を当てるという大幅な改訂が行われた。たとえば、同じレベルの障害があっても、駅の階段、道路の段差などを解消すれば、活動範囲が増し、社会参加のレベルが向上することになる。ICFにはこうした社会環境を評価できる指標が用意されている。

4-4　サービスの柔軟性

　健康を増進、維持するための保健医療・福祉サービスは利用者主体でなければならない。サービスの提供者は保健医療従事者や保健医療福祉の行政機関で働く人々から成っており、プロバイダー（provider）と呼ばれている。従来の保健福祉サービスは、サービス提供者の論理で組み立てられていたが、これに対して、近年サービスの利用者をコンシュマー（consumer）と呼び、

コンシュマー・オリエンテッド（consumer oriented）という考え方に変化しつつある。これは、利用者本位ということであり、サービス提供の考え方や見方が利用者に志向しているという意味である。

4-5　サービスの連続性の確保

利用者の健康を増進、維持するためにはサービスの連続性が保たれなくてはならない。すなわち、病院から在宅へ、病院から施設へ、在宅から施設へ、施設から在宅へといった流れが利用者のニーズに合わせて確保される必要がある。病院における医学リハビリテーションから在宅における地域リハビリテーションへと受け継がれ、地域での社会的リハビリテーションにより、地域での生活や職場復帰へと結びつくなどのサービスの連続性が確保されなければならない。

4-6　サービスを有効利用するための情報システムの確立

保健福祉サービスは利用者と提供者の契約によるサービス利用が基本になった。サービスの有効利用のためには、提供者が提供するサービス内容を利用者が知り、自らのニーズに合わせて、サービスを選択利用するという方向性が必要になる。このためには、インターネットなどを活用して、サービス内容に関する情報を提供することが不可欠である。

5．心身の健康と福祉

人々にとって、健康とは身体、精神、社会ともにウェルビーイングであることと定義されており、社会生活を含めた心身の健康という考え方が定着している。本章では、健康を心身・社会生活の3要素の総体と考え、そのウェルビーイングを追求することが健康の究極の目標ととらえた。健康であるとい

うことは、障害のないことや病気でないことではない。まして、社会的に裕福であることではない。裕福でありながら、こころを病んでいる人は多いし、豊かでもなく、障害もあるが、心身、生活ともに安定している人はたくさんいる。

　概して、心身の問題と生活の問題が切り離されて考えられがちであるが、人はよりよい生活、すなわち高いQOL（生活の質）を求めて止まない。このための最大の資源が健康であり、本章ではすべての人々の心身の健康の保持・増進と、すべての人々のよりよい社会生活を追求することを福祉ととらえて論を展開した。　　　　　　　　　　　　　　　　　　（中村　敬）

参考文献
* ＊電子政府（法令検索）：医療法
  http://law.e-gov.go.jp/htmldata/S23/S23HO205.html
* ＊電子政府（法令検索）：医療法施行規則
  http://law.e-gov.go.jp/htmldata/S23/S23F03601000050.html
* ＊厚生労働省：介護保険制度改革の概要―介護保険法改正と介護報酬改定―
  http://www.mhlw.go.jp/topics/kaigo/topics/0603/dl/data.pdf
* ＊厚生労働省：メタボリックシンドロームを予防しよう
  http://www.mhlw.go.jp/bunya/kenkou/metabo02/index.html
* ＊中村敬「生涯にわたる健康を考える」『佛教文化学会紀要』第14号、2005年
* ＊高山忠雄編著「第一章：保健福祉学の理念」『保健福祉学―利用者の立場に立った保健福祉サービスの展開―』川島書店、1998年
* ＊山崎喜比古、朝倉隆司編「１．健康とは何か―健康・病気の新しい見方」『生き方としての健康科学』有信堂、1999年
* ＊WHO：Health promotion http://www.who.int/healthpromotion/en/
* ＊健康日本21公式ホームページ：http://www.kenkounippon21.gr.jp/
* ＊世界保健機構(WHO)『国際生活機能分類―国際障害分類―』、中央法規出版、2003年
* ＊厚生労働省編『厚生労働白書（平成20年版）』2008年
* ＊中村　敬「特集どう関わるか子ども虐待要保護児童地域協議会と医療機関」『小児科臨床』、60 (4)、2007年

第7章
貧困研究と公的扶助

Key words：
絶対的貧困、相対的貧困、社会的排除、
貧困の罠、捕捉率(take up rate)

　2008年秋の世界経済危機以降、貧困や生活保護に関心が集まっている。貧困は社会福祉の中心である。1節では、貧困概念について言及する。かつては絶対的貧困が中心であったが、相対的貧困や社会的排除などその時代や文化にそぐわない生活といった指標による新たな概念が登場している。社会集団への帰属、時間的空間的な広がりのなかでとらえるような概念もある。排除から包摂へどう社会システムを構築するか課題である。2節ではわが国における最低生活を支えている生活保護制度を概説する。制度の仕組み、保護の種類と原則、実施機関などである。自立支援プログラムの効果、貧困の罠や保護率、捕捉率など保護をめぐってさまざまな議論がある。

1．貧困の理論

1－1　貧困とは何か

　社会福祉の出発点は貧困・生活問題の実態を把握し、その解決をはかることにある。しかし、貧困・生活問題をひとことで説明することはきわめて困難である。というのは、それは複雑で多面的であり、その状態をだれがどう認識判断するか、大変難しいからである。その国の社会システムや時代、社会経済、文化的状況によっても異なる。ここでは主な貧困研究をたどることによって貧困がどのようにとらえられてきたかみてみる。

1－2　貧困研究の系譜－戦前期の日本

　明治・大正前期における代表的な貧困研究としてあげられるのは、横山源之助『日本之下層社会』、河上肇『貧乏物語』、細井和喜蔵『女工哀史』である。また、高野岩三郎の『職工調査』や地域調査の先駆けといわれる『月島調査』などがある。これらは、貧しい人々や賃金労働者、女工たちの生活を調査し、貧困研究の古典ともいわれるものである（表1参照）。さらに、生活費に注目し、生計費という視点から貧困研究に貢献した森本厚吉がいる。森本は多くの生活問題に関する研究を発表した。1918年7月、社会政策学会で「日米『最少生活費』論」を発表、日米生活水準の国際比較を理論生計費の方法を駆使して行っている。

　大正後期における貧困研究としては、大阪市社会部（1926年10月）『労働調査報告第48号、本市に於ける窮民』や生江孝之の『社会事業綱要』（1923年4月）があげられる。生江は貧困を自然貧、個人貧、社会貧に区別し、とくに社会貧を重視し、生存の最低標準である狭義の絶対貧を「個人及び家族がその全収入をもってして、多くは保健的状態を保ちうるも、その時代における社会的体面すなわち標準生活を保持し能はざる者を云う」と規定してい

る。きわめて今日的な貧困観ともいうべきものを提起した。

　日中戦争・太平洋戦争の下では、国民生活の消費生活は圧迫されたが、この時期に実証的な国民生活研究が展開され、戦後の生活研究や貧困研究につながっていった。

　永野順造は、『国民生活の分析』（1939年）のなかで、「勤労は栄養と休息によって補充恢復されて新鮮な勤労を繰り返し得るものでなければならない」とし、ここから生活とはなにかを探求した。また、大河内一男の『国民生活の論理』、さらに、労働者の生活時間調査から労働・休養・余暇の配分という視点から国民の生活を研究した籠山京の『国民生活の構造』などが生活研究として有名である。これらの生活研究は貧困研究の基礎を築いたものである。また、太平洋戦争下での最低生活費や標準生活費研究としては、安藤政吉『国民生活費の研究』（1944年）、労働科学研究所『最低生活費の研究』（1942年）などがあげられる。『最低生活費の研究』は、家計費目ごとにその必要量を求めて、積み重ねて時価に換算し最低生活費を算定した。長沼弘毅はB.S. ラウントリーの貧困調査（後述）を邦訳し、『最低生活研究』（1943年）として刊行している。

表1　明治・大正期の貧困研究

横山源之助『日本之下層社会』1899年刊行 　毎日新聞社の記者であった横山源之助（1871-1915年）は、社会の底辺に生きる人々の苦しみやその生活に迫ろうとした。桐生、足利、魚津、阪神地方などを回り、明治中期における貧しい人々や職人、労働者、小作人層の労働と生活に関する調査を実施しそれを記録した。その惨状を明らかにしたルポルタージュの方法としても評価されている。
河上肇『貧乏物語』1917年刊行 　第一次世界大戦下の日本で、社会問題化しはじめた「貧乏」の問題を直視した河上肇（経済学者、京大教授、1879-1946年）は、なぜ多数の

人が貧乏しているのか、そしていかにして貧乏を根治しうるかを古今東西の文献を駆使しながら研究した。富者の奢侈廃止こそ貧乏退治の第一策であるとし、1917年『大阪朝日新聞』に連載し、大きな衝撃を与えた。

細井和喜蔵『女工哀史』1925年刊行

　紡績業は日本の資本主義の発展に最も貢献した基幹産業の一つである。細井和喜蔵（紡績工、労働運動家、1987-1925年）は、この産業を底辺で支えた女工たちの苛酷な生活を自らの体験と調査に基づいて克明に記録した。わが国の近代資本主義がいかにこれらの女性たちの犠牲のもとに形成されたか、その残した傷痕の深さと過酷さを知ることができる。

高野岩三郎『職工家計調査』『月島調査』

　高野岩三郎（社会思想家、東大教授、兄は高野房太郎、1871-1949年）は、早くから貧しい人々の問題に興味をもっていた。東京における職工家計調査では、家計簿式調査方法を用い、賃金労働者を対象に、家計調査を実施した（1917年）。エンゲル係数の正しさを証明した。この調査は今日の家計調査の範とされる。『月島調査』（1921年）は賃金労働者を対象とした生活実態調査を実施。地域調査や家計調査、生活調査のさきがけとされる。ブースやラウントリーの調査を模範としたといわれる。

1－3　絶対的貧困から相対的貧困へ
　　　　―肉体的保持、生存から生活様式などの重視へ

　B.S. ラウントリーは必要カロリー量から食料費を計算し、これに最低生活を営むのに必要な諸々の経費を積み上げていき、最低生活費（第一次貧困）を算定した。この第一次貧困とは、「その収入がいかに賢明にかつ注意深く消費されても肉体的維持をすることが困難である状態」をさす。このような状態は生存を基準にした貧困である。絶対的貧困 (absolute poverty) と呼

ばれる。

　しかし、われわれは肉体的維持のみを目指し、生存さえしていればよいというわけではない。その時代の生活様式であるとか、一般的慣習に見合った生活のあり方や機会、そういうものから遠い生活も一種の貧困ととらえるほうがより実態にあった貧困ではないか。戦後の高度産業化社会における貧困の形態は肉体的維持を問題にする絶対的貧困では測れなくなった。

　P. タウンゼントは、生活を営む前提にある社会の慣習的な生活様式を重視し、この生活様式に基づいた生活から外れる状態を相対的剥奪 (relative deprivation) と定義した。そして、相対的剥奪が重層的に出現するような生活資源が欠乏するような状態を相対的貧困 (relative poverty) とあらわした。

　だれもがやっているその時代に生きるものとして当然手に入れるべき生活のスタイルが確保されないことである。たとえば、家族数に見合ったそれなりの広さの住宅に住むことができない、冷蔵庫、テレビ、クーラー（地域に異なるが）といった電化製品がない、情報伝達手段のための電話（最近では携帯電話やパソコンなど）などがない、移動手段として、電車やバスが通っていなくて車もなく、病院に行くのが大変である、といった不便な生活を強いられている。快適な生活から遠いというような状態、これらもある意味では相対的貧困であるとか、人としてあるべき生活から程遠い、快適な生活を剥奪されている、と考えられるのである。

　P. タウンゼントは、その後、経済のグローバリゼーションによってもたらされる世界規模の貧困に着目した。貧困、とくに社会的排除（後述）と社会的分極化という視点から研究を進め、権力（富）の国際的ヒエラルキーによってもたらされる世界規模の二極化、つまり富裕国と最貧国、さらに、富裕国内においても富裕層と貧困層の二極化がおきることなどについて、90年代半ばにすでに指摘している。そして、富のヒエラルキーによってもたらされる悲劇は、社会的に弱い立場にある人々のみならず、中間層にある人々もまた突然の窮乏に陥る可能性があることを警告している。

> **PROFILE** Peter Townsend (1928-2009年)
>
> イギリスの社会政策学者、ロンドン大学政治経済大学院教授、専門は国際社会政策、エイベル－スミスとの共著『貧困層と極貧層』(The Poor and the Poorest, 1965)で、公的扶助のテイク・アップ・レイト（捕捉率）を計測し、「貧困の再発見」として注目された。他に相対的剥奪や相対的貧困についての大著書がある。
>
> Presented by Prof. Townsend
>
> **主著**
>   Poverty in the United Kingdom, 1979.
>   "The International Analysis of Poverty", Harvester Wheatsheaf, 1993.
> **D. Gordonとの共編著**
>   "World Poverty : New Policies to Defeat an Old Enemy," Policy Press, 2002. がある。

江口英一は貧困の動態に注目し、貧困になっていくプロセスに焦点をあてた。人々が貧困に陥るのは、何かのきっかけで陥ったのではなくて、ジグザグコースの長い生活遍歴の中で長期に貧困が固定化されると考えた。次に述べる社会的排除にも通じる動態的な貧困を生活不安定という概念を用いながら、きわめて有効な貧困理論を展開した。

1－4　社会的排除 (SE = social exclusion)

ソーシャル・エクスクルージョンという言葉は1970年代初頭、フランスで経済的な成長の影に取り残された人々の生活向上をめざす際につかわれたのが最初といわれている。今日では、社会的排除は、移民を多く受け入れているEU諸国の、政策的課題となっていて、雇用や教育、福祉分野などで多用される。社会から排除され社会とかかわるチャンスを奪われている人々をど

う社会に包摂 (social inclusion) していくか、具体的な方策に大きな関心が寄せられている。

イギリスではT. ブレアの首相時代、1997年の演説「第三の道」でSEが取り上げられた。これによれば、「政治は平等（包摂）を達成し、不平等を排除することである」と述べられている。そして、ソーシャル・インクルージョンとは市民権を尊重することであるとされる。社会の底辺にいて、雇用や医療や福祉などの機会にありつけない人々は社会から排除されているので、そういう人々に公共の場に参加する権利を保障すること、自尊心をもち、仕事へのアクセスや教育の機会の拡大によって社会に包み込もうとするもの、すなわち包摂していこうというものである。

疾病や障がい、高齢、人種的な差別、文化や宗教的な軋轢などから、失業したり、家族関係がぎくしゃくしたり、外出が制限されたり、いろいろな問題が複雑に入り組んでいて解決の糸口がみいだせないとか、関係性のゆらぎや途絶、社会的孤立から、職場や家族、地域社会のネットワークからはじき出されるというような新たな生活問題、これらをSEというのである。単に金銭的に援助すればこと足りるというわけではない多様な要因が錯綜するような状態、つまり複層的な問題が底にあり、なおかつ、そういった状態は、長い人生におけるプロセスを経て形成されるもので、見えにくいという動態的な貧困形態である。

わが国では、「社会的な援護を要する人々に対する社会福祉のあり方に関する検討会」報告書（2000年12月8日）で現代の貧困として、①心身の障害・不安（社会的ストレス、アルコール依存など）②社会的排除や摩擦（路上死、中国残留孤児、外国人の排除や摩擦など）③社会的孤立や孤独（孤独死、自殺、家庭内虐待・暴力など）という3つのカテゴリーが示された。路上死や外国人の排除などが社会的排除の例として挙られている。

また、岩田正美は社会的結合からの排除を生活様式と関連させながら次のように問題とする。「生活様式からの乖離や競争からの脱落は社会そのものからの排除を意味する。社会的な生活標準による規制が強まると、それに乗

ることができない人々などは、平均的な市民像から脱落した人々として、社会的結合から排除されていく」この生活様式がいろいろな事情で達成できない人は、特殊化され排除されていく可能性がある、というのである。現代の貧困・生活問題の新たな様相をみることができよう。

　1980年代以降の経済グローバリゼーション、市場原理主義が渦巻く中で、多くの国々は減税と公的資金の削減、そして、公的サービスの供給主体の民営化に傾斜し、福祉国家のすがたが変化している。しかし、2008年秋の世界経済クライシス以降、貧困・生活問題は深刻化し、世界規模で考えざるを得なくなっている。P. タウンゼントが指摘するように、貧困は国内の問題だけではなく、グローバリゼーションのなかでつまり、world povertyとして考えなければならなくなっている。裕福な国と貧しい国の間の資源の再配分をどうするか、といった大きな問題もはらんでいる。貧困という魔物に対抗するためには国際的なアクションが必要である。根絶のためのオールタナティブな世界戦略が必要となっている。われわれは、1995年の社会開発サミットコペンハーゲン宣言の内容をもう一度、確認する必要がある。（山田知子）

社会開発サミット「コペンハーゲン宣言」

　1995年3月、社会開発サミットがデンマークのコペンハーゲンで開催された。わが国の村山首相（当時）を含め、全世界より118カ国の首脳が参加した。このサミットでは、国連史上初めて、貧困撲滅、雇用、社会的統合など、広範囲にわたる社会問題が総合的に取り上げられ、これらの問題の解決に国際社会全体として取り組む決意がもりこまれた「コペンハーゲン宣言」および「行動計画」が採択された。社会開発は経済発展にともなって生じた貧富の差や弱者の社会的疎外といった社会のひずみを是正しながら、社会の発展を促進しようとするもので、開発途上国だけでなく先進国にとっても重要なテーマである。

2．公的扶助

2－1　公的扶助の意味

　公的扶助という用語は、国によって多様な意味で用いられており、その概念や制度内容はすべて統一されたものにはなっていない。また、その名称もイギリスでは所得補助 (income support)、社会基金 (social fund)、アメリカでは公的扶助 (public assistance)、フランスでは参入最低限所得 (revenu minimum d'insertion) などとなっている。

　ただし、各国の制度におおむね共通した内容として次の点があげられる。
①貧困の原因によって対象者を制限せずに、あまねく貧困状態となった人々を対象とする。
②財源は全て税である。
③貧困状態であることを証明するために、何らかの所得や資産調査が必要となる。

　日本では、これらの条件に該当する制度は生活保護制度である。生活保護法では、「日本国憲法第25条の理念に基づき、国の責任の下で、生活に困窮するすべての国民に対して、その困窮の程度に応じて必要な保護を行い、健康で文化的な最低限度の生活を保障するとともに、併せてその自立を助長することを目的とする」と定めている。

2－2　社会保険と公的扶助

　所得（社会）保障制度の主流とされるものは社会保険という方法である。これは貧困の直接の原因となる「失業、老齢、病気、障害」などの特定されたリスクの発生をあらかじめ予想して、国家が人々を強制的に保険に加入させ、保険料を拠出させて共通の財源を作り、リスクの発生（保険事故）に応じて現金、サービスを給付する方法である。この財源は、一定期間の保険事

故の発生率を予想し、保険料と給付の水準においてバランスをとる必要があり、税も投入されている。

　したがって、社会保険の給付水準は、保険料と投入される税を合わせたものを原資として算出されるため、必ずしもナショナルミニマム（生活最低限）を保障するわけではない。

　また、社会保険の給付は保険料の拠出が前提となっているために、保険料を拠出できない貧困状態の人々を制度から排除する危険性がある。

　これに対し、公的扶助は特定のリスクではなく、さまざまな貧困リスクに対応し、財源についても保険料などの拠出に頼ることはなく、すべて税によってまかなう。人々の最低生活保障をになうため、給付内容もナショナルミニマムを具現化したものとなる。また、社会保険が貧困の予防を目的としているのに対して、公的扶助は貧困の事後的救済の役割をになっている。つまり公的扶助は、社会保険で貧困を解決できない人々を補完的に救済する役割を課せられている。

　しかし、行き過ぎた給付（濫給）が労働意欲を削ぐ危険性や反対に恥辱感（スティグマ）をともなう資力調査（ミーンズテスト）が利用抑制（漏給）を招くなどの問題点があげられる。

2-3　生活保護制度の仕組み

1）生活保護の基本原理

　生活保護には「生存権保障の原理」「最低生活保障の原理」「無差別平等の原理」「補足性の原理」がある。これらはいずれも生活保護法第1条ないし第4条に定められている。生活保護の解釈と運用および実施の基本原理としてとても重要なものである。

①生存権保障の原理

　生活保護制度の根拠は、日本国憲法第25条に定めた「すべて国民は、健康で文化的な最低限度の生活を営む権利を有する」という生存権の保障規定に

ある。また、生活保護は生活に困窮するすべての国民に対して、最低生活の保障と自立の助長を国の責任において行う。

②最低生活の保障

健康で文化的な生活水準を維持することができる最低限度の生活を保障する。最低限度の生活とは、単に衣食住だけでなく、文化的な社会生活水準を維持できるものでなければならない。

③無差別平等

国民は生活保護を請求する権利を有し、この権利は全ての国民に無差別平等に与えられる。

④補足性

生活保護は生活に困窮する人が、利用可能な資産、能力その他あらゆるものを最低生活の維持のために活用することが要件である。民法に定める扶養義務者の扶養、他の法律による扶助は保護に優先する。

生活保護の補足性と扶養義務者とは

生活保護に必要な費用は、国民の税金で賄われていることなどから、保護を受給するためには、各人がそのもてる能力に応じて最善の努力をすることが先決であり、そのような努力をしてもなおかつ最低生活が営めない場合に、はじめて保護が行われる。扶養義務者から経済的な支援が受けられるのであれば、それを優先することも要件の1つであるが、保護を受給する前提条件ではないことに留意しておく必要がある。なお、民法に定める扶養義務者とは以下の人である。
- 絶対的扶養義務者→夫婦、直系親族（子、親、孫）、兄弟姉妹
- 相対的扶養義務者→特別の事情があるものとして家庭裁判所により法律上扶養義務を負わされている三親等以内の親族

2）生活保護の原則

生活保護には、制度を具体的に実施する上での基本的あり方を示した「申

請保護の原則」「基準及び程度の原則」「必要即応の原則」「世帯単位の原則」の4つの原則がある。これらは、生活保護法第7条から10条に規定されている。

①申請保護の原則

保護は、要保護者、その他の扶養義務者またはその他の同居の親族の申請に基づいて開始する。つまり、貧困状態にある本人や家族が自ら申し出る必要があるということは、保護請求権の行使が認められていると解釈できる。ただし、急迫した貧困状態にあるにもかかわらず、申請がない場合には職権による保護の開始ができるとされている。

②基準及び程度の原則

保護は、厚生労働大臣の定める基準により測定した要保護者の需要を基とし、そのうち、その者の金銭または物品で満たすことのできない不足分を補う程度において行われる。また基準は、要保護者の年齢別、性別、世帯構成別、所在地域別その他の事情を考慮した最低限度の生活の需要を満たすのに十分なものであって、これを超えないとされている。

③必要即応の原則

保護は要保護者、世帯の年齢、性別、健康状態などからみて、その個人および世帯の実際の必要性の相違を考慮して、有効かつ適切に行われるものとされている。

④世帯単位の原則

保護は、生計を1つにしている世帯全体を単位としてその要否および程度を定めるとされている。貧困状態は個人的に現れる事象ではなく、生計を1つにしている世帯全体を把握して対応すべきという考えに基づいている。ただし、これによりがたい場合には個人単位とすることもできるとされている。これを世帯分離という。

3）生活保護の実施機関

要保護者に対する保護の決定および実施についての責任を「実施責任」と

いう。これについて生活保護法では、居住地主義を原則として、要保護者の居住地を所管する福祉事務所の管理者である都道府県知事または市区町村長が保護の実施機関となると定めている。

また、居住地がないかまたは不明の場合には、例外的に現在地主義をとり、要保護者の現在地を所管する福祉事務所の管理者である都道府県知事または市区町村長が保護の実施機関となる。

なお、福祉事務所は市区には「設置が義務づけ」られているが、町村については「設置することができる」とされている。この場合は、都道府県が設置する福祉事務所が実施責任を負う。

4）生活保護施設

生活保護は、居宅によることを原則としているが、これが不可能や適当でないとき、その他保護の目的を達成するために必要があるときは、保護施設による保護を行う。保護施設はその目的により、「救護施設」「更生施設」「医療保護施設」「授産施設」「宿所提供施設」の5種類が設置されている。

①救護施設

身体上または精神上著しい障害があるために、日常生活を営むことが困難な要保護者を入所させて、生活扶助を行う。

②更生施設

身体上または精神上の理由により、養護および生活指導を必要とする要保護者を入所させて、生活扶助を行う。

③医療保護施設

医療を必要とする要保護者に対して医療の給付を行う。しかし近年では指定医療機関による医療扶助が一般的になっており、その存在意義は薄れている。

④授産施設

身体上もしくは精神上の理由または世帯の事情により就業能力の限られている要保護者に対して、就労または技能の習得のために必要な機会および便

宜を与えて、その自立を助長する。

⑤宿所提供施設

住居のない要保護世帯に対して、宿所を提供することにより住宅扶助を行う。

2－4　生活保護基準

1）生活保護の種類

生活保護制度における保護（扶助）の種類には、「生活扶助、住宅扶助、教育扶助、介護扶助、医療扶助、出産扶助、生業扶助、葬祭扶助」の8種類がある。このうち医療扶助と介護扶助は金銭ではなく、医療や介護サービスを直接給付する。これを現物給付という。その他の扶助は現金給付を原則としている（表2参照）。

また、生活・住宅・葬祭の各扶助については、1級地から3級地までの級地区分（生活様式や物価などに基づく地域格差）が設定されている。

①生活扶助費

生活扶助は、経常的な一般生活費に相当する。大別すると、個人単位で消費する飲食物費や被服費などに相当する第1類費と光熱水費や家具什器費など世帯単位で共通にかかる第2類費がある。また、気候の寒冷の差にあわせた都道府県別の冬季の暖房費に相当する冬季加算がある。

第1類費は要保護者の年齢別、第2類費は世帯人員別に定められており、それらを合算することで生活扶助費が算出される。

また、障害者や妊産婦、病弱者などの特別な需要のある場合に加算が給付される。加算の種類は「障害者加算」「妊産婦加算」「介護施設入所者加算」「在宅患者加算」「放射線障害者加算」「児童養育加算」「介護保険料加算」の7種類がある。

さらに経常的扶助費の他に一時扶助費として、臨時的な給付が行われる。内容は「被服費」「ひとり親世帯就労促進費」「期末一時扶助費」「家具什器

費」「移送費」「入学準備金」などである。

②住宅扶助費

アパートや借家の家賃・間代・地代などの他に、住宅の補修費用などの維持費も該当する。

③教育扶助費

児童が義務教育を受けるための扶助。教材代、学校給食費、通学のための交通費も該当する。

④介護扶助

介護サービスを受けるための費用。原則として介護保険制度に規定された介護サービスを利用した場合に限られる。介護保険の第1号被保険者にはサービス費用の1割、被保険者以外の場合は全額支給する。

⑤医療扶助

けがや病気で医療を必要とするときに医療券による現物給付を原則として行う。医療扶助には指定医療機関において診療を受ける場合の費用、薬剤または治療材料にかかる費用、はり・きゅうなどの施術のための費用、移送費がある。

⑥出産扶助

出産をするときの扶助。分娩の介助、分娩前後の処置などの助産も支給対象である。また、病院、助産院などで分娩する場合には、入院に必要な最小限度の費用の支給が認められている。

⑦生業扶助

生業に必要な資金、器具や資料を購入する費用、技能を習得するための費用、就労準備のための費用、高等学校の就学のための費用などが支給される。

⑧葬祭扶助

被保護者が死亡した場合、遺体の移送、火葬および埋葬、納骨など葬祭のために必要なものを支給する。

表2　生活保護の種類と方法

生活を営む上で生じる費用	対応する扶助の種類	支給内容
日常生活に必要な費用（食費・被服費・光熱水費など）	生活扶助	基準額は、 (1) 食費などの個人的費用（年齢別に算定） (2) 光熱水費などの世帯共通的費用（世帯人員別に算定）を合算して算出 なお、特定の世帯については加算が上乗せされる。 → 障害者加算、介護保険料加算など
アパートなどの家賃	住宅扶助	定められた範囲内で実費を支給
義務教育を受けるために必要な学用品費	教育扶助	定められた基準額を支給
介護サービスの費用	介護扶助	費用は直接介護事業者へ支給
医療費	医療扶助	費用は直接医療機関へ支給
出産にかかる費用	出産扶助	定められた範囲内で実費を支給
就労に必要な技能の修得などにかかる費用	生業扶助	〃
死亡時の葬祭費用	葬祭扶助	〃

2）生活保護基準額（最低生活費）の計算方法

最低生活費の計算方法は、図1に示したとおりである。第1類と第2類および加算額で生活扶助費を算定し、さらに住宅扶助費、教育扶助費、介護扶助費、医療扶助費を積み上げた金額が最低生活費として認定される。

2－5　生活保護における相談支援

1）生活保護受給の手続き

一般的に生活保護を受給するためには、申請保護の原則のとおり、福祉事務所などの実施機関に相談に行くことが必要となる。その後、申請受付、資力調査、保護の要否判定、保護の決定（開始、却下）という一連の手続きを

①生活扶助基準（第1類費）基準額　　　　　　　　　　　　単位：円

年齢	1級地		2級地		3級地	
	1級地-1	1級地-2	2級地-1	2級地-2	3級地-1	3級地-2
0～2	20,900	19,960	19,020	18,080	17,140	16,200
3～5	26,350	25,160	23,980	22,790	21,610	20,420
6～11	34,070	32,540	31,000	29,470	27,940	26,400
12～19	42,080	40,190	38,290	36,400	34,510	32,610
20～40	40,270	38,460	36,650	34,830	33,020	31,210
41～59	38,180	36,460	34,740	33,030	31,310	29,590
60～69	36,100	34,480	32,850	31,230	29,600	27,980
70～	32,340	31,120	29,430	28,300	26,520	25,510

世帯構成員の数が4人の世帯の場合は、第1類費の個人別の額を合算した額に0.95を乗じた額をその世帯の第1類費とし、世帯構成員の数が5人以上の場合は、同じく合算した額に0.90を乗じた額をその世帯の第1類費とする。

②生活扶助基準（第2類費）基準額　　　　　　　　　　　　単位：円

人員	1級地		2級地		3級地	
	1級地-1	1級地-2	2級地-1	2級地-2	3級地-1	3級地-2
1人	43,430	41,480	39,520	37,570	35,610	33,660
2人	48,070	45,910	43,740	41,580	39,420	37,250
3人	53,290	50,890	48,490	46,100	43,700	41,300
4人	55,160	52,680	50,200	47,710	45,230	42,750
5人以上1人を増すごとに加算する額	440	440	400	400	360	360

・級地別に入院患者、施設入所者、出稼者を除いたすべての世帯員を合計する。
・冬季（11月～翌年3月）には地区別に冬季加算が計上される。

③生活扶助加算額　　　　　　　　　　　　　　　　　　　　単位：円

加算できる対象者		加算額		
		1級地	2級地	3級地
障害者	身体障害者障害程度等級表の1、2級に該当する人など	26,850	24,970	23,100
	身体障害者障害程度等級表の3級に該当する人など	17,890	16,650	15,400
妊婦	妊娠6カ月未満	9,140	9,140	7,770
	妊娠6カ月以上	13,810	13,810	11,740
母子世帯等1人親世帯（平成21年度廃止）	児童1人の場合	7,750	7,210	6,670
	児童2人の場合	8,360	7,780	7,210
	3人以上の児童1人につき加える額	310	290	270
産婦	出産月の翌月から5カ月間	8,490	8,490	7,220
在宅患者	結核療養中の場合など	13,290	13,290	11,300
児童養育	3歳未満の児童を養育する人	10,000	10,000	10,000
	3歳以上12歳未満の児童を養育する人	5,000	5,000	5,000
	12歳未満の第3子以降を養育する人	10,000	10,000	10,000

・該当者がいるときだけその分を加える。
・入院患者、施設入所者は金額が異なる。
・12歳未満の児童とは、12歳に達する日以後の最初の3月31日までの間にある場合をいう。
・この他に放射線障害者加算、介護保険料加算がある。

最低生活費認定額：このほか、出産、葬祭などがある場合は、それらの経費の一定額がさらに加えられる。

⑦医療扶助基準額：診療などにかかった医療費の平均月額

⑥介護扶助基準額：居宅介護などにかかった介護費の平均月額

⑤教育扶助基準額

区分	基準額
小学生	2,150円
中学生	4,180円

この他、学習支援費として小学生2,560円、中学生4,330円とともに、教材費、給食費などの実費が計上される。

④住宅扶助基準額：実際に支払っている家賃・地代

1級地	13,000円以内
2級地	13,000円以内
3級地	8,000円以内

地域により、この額以上の特別の額が認められている。

図1　最低生活費の計算の方法（2009年度居宅の場合）

踏んでいく（図2参照）。生活保護の開始が決定された後は、1カ月単位で保護費の支給（変更、停止）が行われ、生活保護基準額を上回る収入を継続的に得るようになった時に保護の廃止となる。

2）自立支援プログラム

今日の被保護世帯が抱える問題は、精神疾患などの傷病（社会的入院を含む）、DV（家庭内暴力）、虐待、若年無業者（ニート）、多重債務、元ホームレス、社会的きずなの希薄や相談に乗ってくれる人がいないなど多岐にわたっている。また、高齢者世帯（特に単身世帯）の増加による介護問題や長期にわたる景気の低迷による保護受給期間の長期化など、社会的な要因も関係している。

福祉事務所来所	福祉事務所で生活に困窮している旨、相談をする。
面接相談	担当者との面接相談を行う。現在の収入や資産の状況などの聞きとりが行われる。他に利用できる制度の説明がある。
申請受付	保護の申請受付
調査	申請に基づいて、ケースワーカーが世帯の収入や資産、扶養義務者からの援助の可能性などの調査が行われる。この時点で初回の家庭訪問が行われる。
保護の要否判定	調査に基づいて、生活保護基準額と収入や資産を対比し、保護が必要かどうか判断される。
保護の決定	「生活保護の必要がある」と判定されたときに、生活保護の開始決定が行われる。要否判定の結果、「保護の必要はない」と判定されたときは、申請却下の決定が行われる。なお、決定は申請のあった日から通常14日以内に行われることになっている。
支援計画の策定	担当ケースワーカーが被保護者と相談しながら支援計画を立てていく。
保護費の支給・相談支援	生活保護が開始されると、通常は福祉事務所の窓口で保護費が支給される。その後、生活が安定した段階で銀行などの金融機関で支給される。また、保護受給中の義務や権利、他に利用できるサービスなどの説明が行われる。
保護受給中の支援	保護受給中は定期的に担当のケースワーカーが家庭訪問し、相談を受けて支援を行うとともに、世帯に必要な指導や指示が行われる。

図2　福祉事務所における生活保護受給の手続き

一方、生活保護の運用を行う地方自治体の実施体制には、担当職員数の配置不足、指導監督職員の経験不足などの問題があり、被保護者の抱える多様な問題に対して職員個人の努力や経験などに頼るだけでは、十分な支援が行えない状況になっている。さらに経済的な給付を行うのみでは、これらの問題に対応することに限界が生じている。

　このような状況をふまえ、単なる経済的給付中心の生活保護制度から、実施機関が自主性、独自性を生かして被保護者の実状に応じた自立を支援することを目的として、2005年度より自立支援プログラムが導入された。

　実施機関は、自立支援のために、被保護者の状況や自立阻害要因を類型化し、それぞれの類型ごとに対応する個別の支援プログラムを策定することとなった。たとえば、稼働能力を有する被保護者に対しては就労に向けた具体的取り組みを支援し、就労を実現するプログラムを策定する。また社会的入院患者（精神障害者）に対しては、長期入院を防止、解消し、居宅生活の復帰、維持を目指すプログラムを策定する。さらに高齢者に対しては傷病や閉じこもりを防止し、健康的な自立生活を維持するプログラムを策定するなどである。

　いずれにせよ、この自立支援プログラムによって、就労による「経済的自立支援」だけではなく、自分で健康の維持管理が出来るようになるための「日常的生活自立支援」や、福祉などにおける社会参加活動を通じて地域社会の一員として充実した生活を送るための「社会生活自立支援」などの自立の概念が生活保護の分野にも示されたことは、画期的な出来事であったといえる。

（今井　伸）

コラム 「生活保護の保護率と捕捉率」

　戦後、日本は高度経済成長にともなう社会、経済の発展による国民の生活水準の向上とともに貧困層が減少し、「保護率」（人口千人に対する生活保護受給者の比率）も低下してきた。しかし、バブル経済崩壊と景

気後退の影響などを受けて、1995年の7.0‰から一貫して上昇を続け、2006年5月現在では11.7‰にまで達している。また、被保護者数も約88万人から約150万人、被保護世帯数は約60万世帯から約108万世帯と大幅に増加している。

　一方、生活保護の「捕捉率」とは、生活保護で保護されるべき貧困世帯のうち実際に生活保護を受給している世帯の比率のことである。ちなみに、日本の生活保護制度の捕捉率は、国が貧困世帯数（要保護世帯数）を把握していないので、公式には算出することは不可能である。そこで、数は少ないが貧困世帯の出現率をもとにした研究者による捕捉率の算出の例を紹介すると、5.7％（小川浩「貧困世帯の現状―日英比較」『経済研究』51巻3号、2000年）や5.6％（唐鎌直義「イギリスにおける公的扶助制度の歴史」『公的扶助』光生館、2002年）となっている。仮に、この数値が正しいとすれば、貧困世帯20件にわずか1件の割合でしか生活保護を受給していないという驚くべき「捕捉率」の低さが示されているといえる。

参考文献
* 岩田正美『社会的排除』有斐閣、2008年
* 岩田正美・西澤晃彦『貧困と社会的排除』ミネルヴァ書房、2005年
* 吉田久一『日本社会事業史』頸草書房、1994年
* 江口英一『現代の「低所得層」』未来社、1979年
* 籠山　京『戦後日本における貧困層の創出過程』東京大学出版会、1976年
* 横山源之助『日本の下層社会』岩波書店、1949年
* 生活保護手帳編集委員会編『生活保護手帳2006年度版』中央法規出版、2006年
* 川上昌子編『公的扶助論』光生館、2002年
* 新保美香『生活保護スーパービジョン基礎講座』全国社会福祉協議会、2005年
* 竹下義樹・大友信勝・布川日佐史・吉永純『生活保護「改革」の焦点は何か』あけび書房、2004年

第8章
高齢者福祉と介護保険制度

Key words：
社会活動促進対策、施設福祉対策、高齢者虐待・孤立死防止対策、介護保険制度、要介護認定、居宅・施設サービス、地域密着型サービス

　高齢者福祉にかかわる施策と介護保険制度の2つの観点から、そのポイントを学習できるようにしている。高齢者福祉では、①高齢社会における高齢者の実態 ②高齢者施策としての在宅福祉と施設福祉 ③介護保険制度以外の施策についてまとめている。また、介護保険制度では、①仕組み ②サービス ③課題についてまとめている。

1．高齢者の現状

　高齢者福祉は、高齢期の生活問題を理解することから学びが始まるので（『社会福祉原論Ⅰ』p.164)、主な高齢者の生活実態を把握するとともにその問題点について学習することが求められる。

1－1　高齢者世帯の現状

　「2008年国民生活基礎調査」によると、高齢者世帯は925万2千世帯、全世帯の19.3％となっている。つぎに世帯構造別でみると、「夫婦のみ世帯」は588万3千世帯（65歳以上の者のいる世帯の29.7％）、「単独世帯」435万2千世帯（65歳以上の者のいる世帯の22.0％）、「三世代世帯」366万7千世帯（65歳以上の者のいる世帯の18.5％）である。
　高齢者の家族構成の傾向をまとめると、「子どもと同居」の割合が年々減少し、「夫婦のみ」世帯の割合が増加しており、2000年頃を境にして、「夫婦のみ」世帯の占める割合が「子どもと同居」を上回るようになった。また、確実に高齢者の「単独」世帯も増えてきている。
　こうしてみると、高齢者夫婦世帯ならびに高齢者の単独世帯が今後も増えていくといえる。

1－2　高齢者の経済状況

　高齢者1世帯当たりの平均所得額は、298.9万円（2007年）となっており、その構成割合は、「公的年金・恩給」70.8％、「稼働所得」16.9％、「財産所得」5.9％、「仕送り・企業年金・個人年金・その他の所得」5.5％、「年金以外の社会保障給付金」0.8％である。つぎに「公的年金・恩給」を受給している高齢者世帯の総所得に占める割合が「100％」の世帯は61.2％におよんでいる。さらに高齢者の経済状況をみると、「年収200万円以下」が42.6％

（2004年）を占めている。

つまり高齢者の場合、収入といったら年金であり、特に収入の低い層にはその比重が高くなっているため、年金受給額の影響を多く受けることになる。

1－3　高齢者の住宅

高齢者の住宅の所有関係では、持ち家については「高齢者夫婦主世帯」は84.9％、「高齢単身主世帯」では65.0％となっている。公営・公団・公社の借家は、「高齢夫婦主世帯」7.0％、「高齢単身主世帯」12.7％である。民営借家は、「高齢夫婦主世帯」7.9％、「高齢単身主世帯」21.8％となっている。（総務省「2003年住宅・土地統計調査」）

こうしてみると高齢単身者は、高齢夫婦世帯よりも民営借家に暮らす比率が高いことがわかる。民営借家の場合、収入に対する家賃比率の問題があるので、家賃の安価なところでは木造でトイレ共同、風呂なしといった条件のところに高齢者が住んでいるといえる。

2．在宅福祉対策

在宅福祉対策は、わが国の高齢化率の上昇や平均寿命の伸びにともなって、元気な高齢者から介護を必要とする高齢者まで、さまざまであり広範囲の在宅生活を支援することが必要となってきている。（なお、老人福祉法については『社会福祉原論Ⅰ』p.163を参照。）

まず、老人居宅介護等事業、老人デイサービス事業、老人短期入所事業、小規模多機能型居宅介護事業、認知症対応型老人共同生活援助事業については、基本的には介護保険制度の利用対象となっている。また、老人日常生活用具給付等事業についても、従来の対象品目の多くが介護保険制度の福祉用具貸与や特定福祉用具販売の対象になっている。

2－1　地域支援事業

2006年4月より「地域支援事業」がスタートした。この事業は、1）介護予防事業　2）包括的支援事業　3）任意事業を区市町村が実施する。すべての高齢者を対象とし、要支援・要介護状態などになる前から介護を必要とする状態にならないようにし、高齢者が地域において自立した日常生活を営むことができるように支援することを目的にしている。

1）介護予防事業（必須）

特定高齢者施策と一般高齢者施策とに分かれる。特定高齢者施策は、要支援、要介護になるおそれの高い人を対象として、特定高齢者把握事業、通所型介護予防事業、訪問型介護予防事業、介護予防特定高齢者施策評価事業を実施している。

一般高齢者施策としては、介護予防普及啓発事業、地域介護予防活動支援事業、介護予防一般高齢者施策評価事業がある。

2）包括的支援事業（必須）

2005年の介護保険制度改正により、この事業をになうために地域包括支援センターが創設され、地域包括ケアの中核拠点と位置づけられた。市町村が設置し、運営については地方自治法に基づく一部事務組合、広域連合を組織する市町村、医療法人、社会福祉法人、NPO法人、包括的支援事業を実施目的とする公益法人などへ委託している。

職員は、社会福祉士、保健師、主任介護支援専門員で構成されている。

介護予防ケアマネジメント事業は、介護予防事業（特定高齢者施策）の対象者が、身体的・精神的・社会的機能の維持・向上を図ることができるように、介護予防ケアマネジメントを行う。

総合相談支援事業や権利擁護事業では、高齢者が安心して地域で生活を続けられるようにするために、介護保険サービスだけでなく地域のさまざまな社会資源を活用した支援を受けることができるように総合的に相談・支援を

行う。

　包括的・継続的ケアマネジメント支援事業は、一人ひとりの高齢者の状態に応じた適切なケアマネジメントを長期的に実施していく。また、地域包括支援センター運営協議会を市区町村ごとに設置して、中立性の確保や人材確保を支援し、各職種の連携や協働を図りながら支援が継続的に取り組まれていくようにする。

3）任意事業

　地域の実情にあわせて区市町村の独自性に任されている。たとえば厚生労働省は、介護給付等費用適正化事業、家族介護教室、認知症高齢者見守り事業、家族介護継続支援事業、成年後見制度利用支援事業、福祉用具・住宅改修支援事業、地域自立生活支援事業などをあげているので、これらを参考にして具体的に各区市町村の事業を調べてみるとよい。

2－2　社会活動促進対策

1）高齢者の生きがいと健康づくり推進事業

　この事業の目的は、高齢者が家庭・地域・企業などでこれまで培ってきた豊かな経験と知識、技能を発揮できるように、生きがいと健康づくりを推進することである。長寿社会開発センターがその推進をになっている。

2）高齢者地域福祉推進事業

　これまでにも高齢者が教養の向上、健康の増進、社会奉仕活動などを地域社会で実施していくために、老人クラブは重要な役割を果たしてきた。

　こうした老人クラブの運営が継続されていくように、国庫助成（活動推進員設置費、老人クラブ指導者研修費など）がある。2006年度からは、「介護サービス適正実施指導事業」に位置づけられ、名称を「高齢者地域福祉推進事業」と呼んでいる。（以前は、老人クラブ活動等事業）

3．施設福祉対策

施設福祉対策は、入所施設と利用施設に分かれている。

3－1　入所施設

種別としては、①特別養護老人ホーム　②養護老人ホーム　③軽費老人ホームA型　④軽費老人ホームB型　⑤ケアハウス（軽費老人ホーム）⑥老人短期入所施設　⑦有料老人ホームである。

特別養護老人ホームは入所待機者が年々増加している現状に対して、施設建設はしているものの追いついていない。養護老人ホーム、軽費老人ホームA型、B型については、施設数は、横ばいあるいは減少している。それに替わってケアハウスの建設に力をいれている。

有料老人ホームは、2000年以降に急激に施設数を増加させている。

3－2　利用施設

種別としては、①老人デイサービスセンター　②生活支援ハウス　③老人福祉センター　④老人憩の家　⑤老人休養ホームである。

老人デイサービスセンターと生活支援ハウスは、ゴールドプラン21に位置づけられたため、施設数が増加している。

4．高齢者虐待防止の推進

2006年4月「高齢者虐待の防止、高齢者の養護者に対する支援等に関する法律」（高齢者虐待防止法）が施行された。

この法律における「高齢者」とは、65歳以上の者と定義している。そして、高齢者虐待は、養護者（高齢者を現に養護する者）による高齢者虐待と養介

護施設従事者などによる高齢者虐待があり、その虐待については、次のように分類している。(表1参照)

表1　高齢者虐待の分類

身体的虐待	高齢者の身体に外傷が生じる、生じるおそれのある暴行を加えること
介護・世話の放棄・放置	高齢者を衰弱させるような著しい減食、長時間の放置、養護者以外の同居人が虐待行為の放置など、養護を著しく怠ること
心理的虐待	高齢者に対する著しい暴言、著しく拒絶的な対応、その他高齢者に著しい心理的外傷を与える言動を行うこと
性的虐待	高齢者にわいせつな行為をすること、高齢者をしてわいせつな行為をさせること
経済的虐待	養護者または高齢者の親族が当該高齢者の財産を不当に処分することその他当該高齢者から不当に財産上の利益を得ること

　さらに、国、地方公共団体、国民、保健・医療・福祉関係者などの責務が規定されている。そして高齢者虐待の防止、高齢者虐待を受けた高齢者の迅速かつ適切な保護や適切な養護者に対する支援は、区市町村が第一義的に責任を持つ役割があるとしている。

　高齢者虐待の防止に向けた基本視点は、①虐待の発生予防から虐待を受けた場合には高齢者の生活の安定までを継続的に支援　②高齢者自身の意思の尊重　③虐待を未然に防ぐための積極的なアプローチ　④虐待の早期発見・早期対応　⑤高齢者本人とともに養護者を支援する　⑥関係機関の連携・協力によるチーム対応が位置づけられた。

5．高齢者の孤立死防止の対策

　地域社会における共同機能の衰退により、特に高齢者が日常的に孤立化している中で、その孤立死が社会問題となっている。たとえば、阪神淡路大震災後の仮設住宅や復興住宅で、高齢者が死後何日あるいは何カ月も誰にも気づかれずにいた事件が後を絶たない。

　このような高齢者の孤立死を防止するために、2007年度から「孤立死防止推進事業（孤立死ゼロ・プロジェクト）」が始まり、国や地方自治体などが

主体となって総合的な取り組みを推進することを目的としている。

さらに厚生労働省による「高齢者等が一人でも安心して暮らせるコミュニティづくり推進会議(「孤立死」ゼロを目指して)」の報告書(2008年)では、高齢化や核家族化の進行や集合住宅に暮らす高齢者の増加にともない、高齢者のひとり暮らしや夫婦世帯が増大している。このような高齢者の「『孤立生活』を特別な生活形態ではなく標準的な生活形態へと変化」させ、「孤立生活」が一般化すれば、「社会から『孤立』した結果、死後、長期間放置されるような「孤立死」が発生しない」ようにするために、「孤立死」予防型のコミュニティづくりを提案している。

「孤立死」ゼロを目指す取り組みは、高齢者虐待の予防や早期発見、認知症対策、災害予防対策と一体的に考える必要がある。それには、情報通信技術を活用していく一方で、昔ながらの声かけのできる地域をどのように構築するか、あるいは情報の共有化をどのように図るかなどが課題である。今後一層、地域包括支援センターの果たす役割が大きくなるであろう。(宮崎牧子)

6．介護保険制度

6－1　介護保険法の成立

わが国が高齢化社会に突入した1970年の平均寿命は男性69.31歳、女性74.66歳であった。その後も平均寿命は伸び続け、2008年の平均寿命は男性79.29歳、女性86.05歳で、過去最高となっている。(厚生労働省 簡易生命表による)

高齢化の進展にともない高齢者介護は社会問題となっている。これまでは老親介護は家族の中で解決してきたが、1980年代以降、家族では解決できないさまざまな要因が生じてきた。その要因として大きく以下の5つが考えられる。

①核家族化あるいは小家族化により、介護を果たす家族機能が弱まりをみせたこと

②これまで介護を担ってきた女性の社会進出
③高齢者が高齢者を介護する「老老介護」、認知症の高齢者が認知症の配偶者を介護する「認認介護」といった状況が多くなってきたこと
④医療技術の向上により介護期間が長期化してきたこと
⑤高齢者の入院期間の短縮化にともない、医療処置を必要としながらも、在宅に戻って生活する状態が多くなってきたこと

介護保険制度は、少子高齢社会を迎えるなかで、老後の大きな不安である介護問題を社会保険方式により、社会全体で支えるものとして、1997年12月介護保険法が成立し、2000年4月1日から施行された。

6－2　介護保険の目的

介護保険法第1条では、その目的を以下の通りうたっている。

第1条

　この法律は、加齢に伴って生ずる心身の変化に起因する疾病等により要介護状態となり、入浴、排せつ、食事等の介護、機能訓練並びに看護及び療養上の管理その他の医療を要する者等について、これらの者がその有する能力に応じ自立した日常生活を営むことができるよう、必要な保健医療サービス及び福祉サービスに係る給付を行うため、国民の共同連帯の理念に基づき介護保険制度を設け、その行う保険給付等に関して必要な事項を定め、もって国民の保健医療の向上及び福祉の増進を図ることを目的とする。

介護保険制度は、福祉と医療に分かれている高齢者の介護に関する制度を、保健・医療・福祉サービスを一体的に提供するために再編成し、ケアマネジメント機能を取り入れて、利用しやすく、公平で効率的な社会的支援システムを構築するためのものである。介護保険制度により、介護サービスのあり

方は措置から契約へと大きく変化することになった。

6-3　介護保険制度の概要（図1）

1）対象者

対象となる被保険者は65歳以上の第1号被保険者と特定疾病と診断された40歳以上65歳未満の第2号被保険者に分けられている。特定疾病は以下のとおりである。

特定疾病

①がん【がん末期】（医師が一般に認められている医学的知見に基づき回復の見込みがない状態に至ったと判断したものに限る。）
②関節リウマチ　③筋萎縮性側索硬化症　④後縦靱帯骨化症　⑤骨折をともなう骨粗しょう症　⑥初老期における認知症　⑦進行性核上性麻痺、大脳皮質基底核変性症およびパーキンソン病【パーキンソン病関連疾患】
⑧脊髄小脳変性症　⑨脊柱管狭窄症　⑩早老症　⑪多系統萎縮症　⑫糖尿病性神経障害、糖尿病性腎症および糖尿病性網膜症　⑬脳血管疾患　⑭閉塞性動脈硬化症　⑮慢性閉塞性肺疾患　⑯両側の膝関節または股関節に著しい変形をともなう変形性関節症

2）保険者と財源

保険者は特別区、および市町村である。保険は40歳以上の被保険者からの保険料と税金から給付される。第1号被保険者の保険料は、政令で定める基準に従って各区市町村が条例で定める保険料率をもとに算定する。第2号被保険者の保険料は、以下のとおりである。

健保の場合：標準報酬×介護保険料率（事業主負担あり）
国保の場合：所得割、均等割等で按分（国庫負担あり）

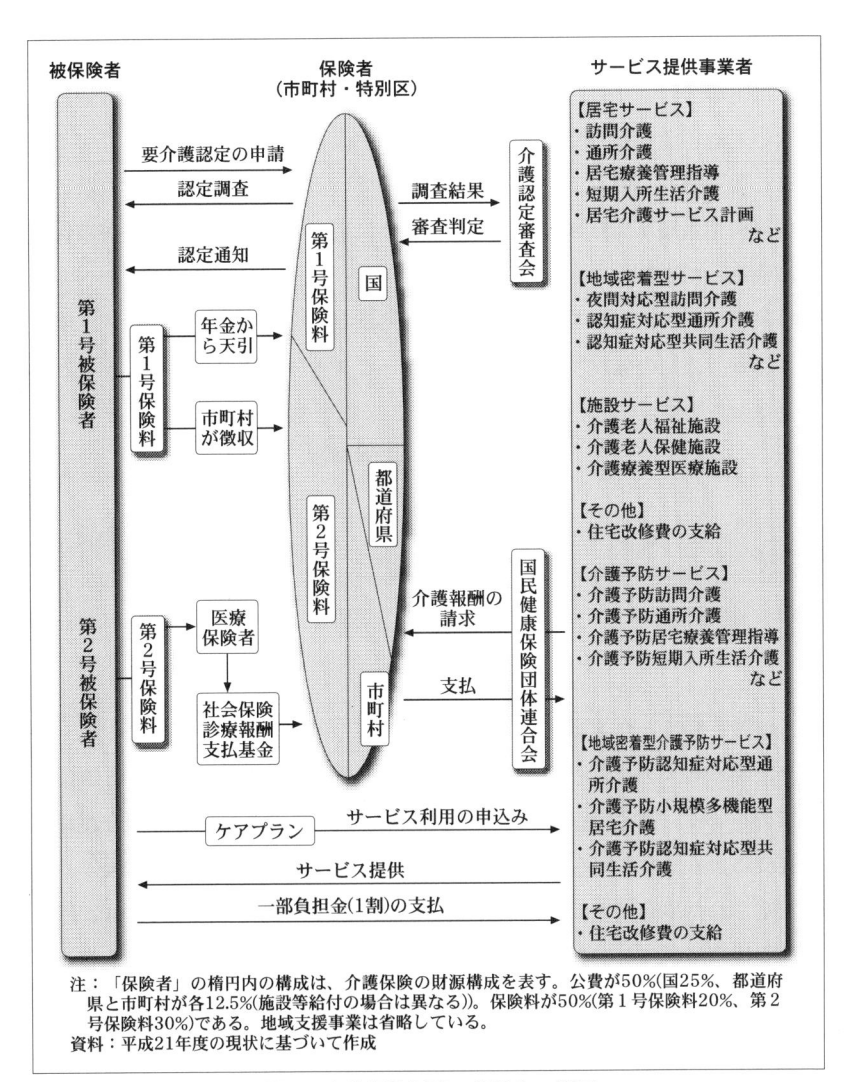

注：「保険者」の楕円内の構成は、介護保険の財源構成を表す。公費が50%(国25%、都道府県と市町村が各12.5%(施設等給付の場合は異なる))。保険料が50%(第1号保険料20%、第2号保険料30%)である。地域支援事業は省略している。
資料：平成21年度の現状に基づいて作成

図1　介護保険制度の仕組みの概要

出典：『新・社会福祉士養成講座13 高齢者に対する支援と介護保険制度』中央法規出版、p.119、2009年

保険料の徴収については、第1号被保険者：年金額が一定額（月1万5千円）以上の者は、年金から天引きする。これを特別徴収と呼ぶ。一定額に満たない老齢年金などの受給者は、区市町村が直接に納入通知書を送付する。これを普通徴収と呼ぶ。生活保護を受給している被保護者は、生活扶助に介護保険料相当額が加算されているが、必要に応じて福祉事務所などが被保護者に代わって支払うことができる。

保険料は、区市町村ごとのサービス見込量などをふまえて、3年に1度改定される。表2の施設サービスと在宅サービスへの給付の割合は以下のとおりとなっている。

表2　保険料と給付割合

	保険料		税金等		
	第1号保険料	第2号保険料	国	都道府県	区市町村
居宅給付費	19%	31%	25%	12.5%	12.5%
施設等給付費	19%	31%	20%	17.5%	12.5%

3）申請手続きと介護認定

介護サービスを必要とする人は、区市町村の窓口や申請を代行する事業所で申請をする。認定調査による第一次判定と医師の意見書をもとに介護認定審査会による二次判定を受けて要支援・要介護と認定される。要支援1、2と認定された場合は地域包括支援センターへ、要介護1～5であれば、居宅介護支援事業所にケアプランを依頼し、サービスを受けることができる。非該当の場合は、保険者による介護保険制度以外のサービスを受けることができる（図2参照）。

また、介護保険制度では、予防給付である要支援と介護給付である要介護度別に利用限度額が定められている。

要支援・要介護区分と1カ月の支給限度額は表3のとおりである。（2009年4月現在）

その他、住宅改修費として年間20万円（自己負担2万）、福祉用具購入費

表3　要介護度別利用限度額

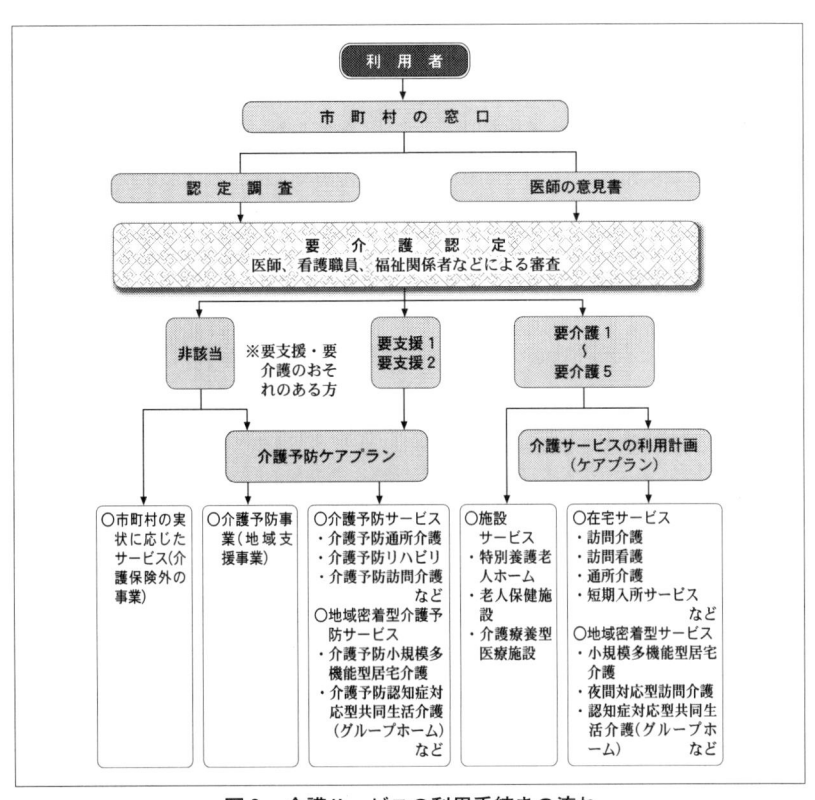

要支援度　要介護度		支給限度基準額（円）
要支援1	社会的な支援を要する状態	49,700（自己負担4,970）
要支援2	社会的な支援を要する状態	104,000（自己負担10,400）
要介護1	部分的な介護を要する状態	165,800（自己負担16,580）
要介護2	軽度の介護を要する状態	194,800（自己負担19,480）
要介護3	中等度の介護を要する状態	267,500（自己負担26,750）
要介護4	重度の介護を要する状態	306,000（自己負担30,600）
要介護5	最重度の介護を要する状態	358,300（自己負担35,830）

図2　介護サービスの利用手続きの流れ

出典：橋本泰子編『困った時のQ&A　介護保険サービス百科』医歯薬出版株式会社、p.4、2008年

として年間10万円（自己負担1万）の利用が可能である。

4）介護保険制度によるサービスの利用

　図1、2に示されている在宅（居宅）サービス、地域密着型サービス、施設サービスなどはすべて事業者と利用者との直接契約である。利用料は、利用者が1割を負担し、直接事業所に支払うが、残り9割は、国民健康保険団体連合会（国保連）を通して事業所に介護報酬として給付される。支給限度額を超えてサービスを利用する場合は、利用者が利用料の10割を負担することになる。

5）介護報酬

　介護報酬とは、介護保険による介護サービスの提供に対して支払われる報酬のことをいう。介護サービス事業者が提供したサービスは国が定めた単位数で計算される。原則1単位10円として計算するが、その価格は地域ごと、サービスごとに加算されているものもある。地域は特別区（東京都特別区部）特甲地（東京都市部、大都市部）、甲地（埼玉、千葉、大阪などの市部）、乙地（各県の主な都市部）その他に分けられ、1単位10円に対して、一定の割り増しで計算される。例えば、訪問入浴は1,250単位であるが、金額にすると全国一律で12,500円ではなく、地域ごとの加算や諸条件により、支払う金額に違いが生じることになる。

6）介護保険制度のこれから

　2000年に施行された介護保険制度は当初の予定通り、3年ごとに見直しを重ね、今後も利用状況を勘案しながら改定を重ねていく。2005年に「介護保険法等の一部を改正する法律」が成立し、2006年4月から改正法による新予防給付が始まった。（改正法の一部は2005年10月から施行）2009年には第1号保険料や介護報酬、被保険者や受給者の範囲、新予防給付、地域支援事業などが改定された。しかしながら、介護期間の長期化、要介護高齢者の重度化、老老介護、認認介護といわれる在宅介護の現状、高齢者施設などでの人材不足など、要介護者の要望にそった生活を支援するためには、まだまだ課題が多い。しかし、制度を最大限有効に活用し、少しでも理想の生活に近づ

ける努力は可能である。そのためには、社会福祉士、介護福祉士、介護支援専門員などの専門職がより連携を高め、それぞれの専門性を発揮していくことが重要である。

　日本は世界が経験したことのない急速な高齢社会を迎えている。今後も増加傾向にある高齢者や要介護高齢者の生活を豊かなものにするために、これからの日本を担う私たちひとりひとりが、高齢者支援について考え、行動をおこさなければならないのである。
　　　　　　　　　　　　　　　　　　　　　　　　　　（山本かの子）

参考文献
* 藤井賢一郎監修『介護保険制度とは』東京都社会福祉協議会、2009年
* 社会福祉士養成講座編集委員会編『新・社会福祉士養成講座13高齢者に対する支援と介護保険制度』中央法規出版、2009年
* 橋本泰子編『困った時のＱ＆Ａ　介護保険サービス百科』医歯薬出版株式会社、2008年
* 大正大学社会福祉学会記念誌編集委員会編集『しなやかに、凛として　今、「福祉の専門職」に伝えたいこと』中央法規出版、2008年
* 社団法人全国老人保健施設協会編『平成20年版介護白書』ぎょうせい、2008年
* 社会福祉士養成講座編集委員会編『新版社会福祉士養成講座14介護概論』中央法規出版、2008年
* 厚生労働省編『厚生労働白書』ぎょうせい、2008年
* 真田是・宮田和明他編『図説日本の福祉　第2版』法律文化社、2007年
* 財団法人厚生統計協会編『国民の福祉の動向』2007年
* 財団法人厚生統計協会編『国民衛生の動向』2007年
* 『介護保険の手引 平成19年版』ぎょうせい、2007年
* 望月幸代『よくわかる！介護保険徹底活用法』高橋書店、2006年

第9章
児童・家庭福祉制度と地域

Key words：
児童・家庭福祉、子どもの最善の利益、児童虐待、子どもの健全育成、子育て支援

　子どもは利益の主体でありながら発達途上の存在でもあるため、自身の権利擁護をおとなに委ねざるを得ない弱い立場に置かれている。また、子どもの命と暮らしを守る責任を第一義的に担う家庭も、少子化や虐待など危機的な状況に直面している。児童・家庭福祉とは、国や地方公共団体をはじめ社会全体で支援することによりすべての子どもと家庭のウェルビーイング達成を目指す社会システムであり、その重要性は今後ともより一層大きくなっていくであろう。
　ここでは、児童・家庭福祉の理念から説き起こし、子どもと家庭の福祉を支える法律の制度、およびサービスの内容を概観することにより、わが国における児童・家庭福祉の全体像を理解していく。

1．児童・家庭福祉の理念

1－1　児童・家庭福祉の歴史

　社会福祉の歴史は同時に児童福祉の歴史であるといっても過言ではない。たとえば、聖徳太子の四天王寺四箇院のうち悲田院では孤児の保護を行ったとされているし、江戸時代の救貧規則である七分積金制度でも10歳以下の孤児を対象に米を支給していた。むろん封建時代以前は、子は親の私有物で家の跡取りであり親のいいつけに従うものだという子ども観が強く、制度的救済には程遠い現状だったのも事実であるが、その一方で古くから子どもは保護すべき対象であったことや、親や家族を失うことは子どもにとって死活問題であったことがこのような歴史からもみてとれる。

　明治時代になると、1868年の『堕胎禁止令』に始まり、1871年には『棄児養育米給与方』（孤児を養育するものに年7斗の米を支給する）などが制定され、明治政府による児童保護が僅かではあるが実施された。1874年日本初の救貧制度である『恤救規則（じゅっきゅうきそく）』でも、13歳以下の孤児が「無告（むこく）の窮民（きゅうみん）」として救済対象となったが、相互扶助が大前提とされていたため大変限られたものだった。

　注目すべきは明治・大正時代に各地で取り組まれた、篤志家による児童保護救済活動である。1879年設立の「福田会育児院」や、1887年石井十次が設立した「岡山孤児院」は孤児救済の先駆的な取り組みだった。ほかにも留岡幸助の「家庭学校」（感化院）や、石井亮一の「滝乃川学園」（知的障害児施設）など、さまざまな種別の児童施設が全国各地に設立されていった。しかし、昭和初期になると戦時体制に入り施設は立ち行かなくなり閉鎖縮小に追い込まれた。その一方で政府は母子保護法（1937年）などを制定するが、その目的は兵力確保という戦時下の国策からのものだった。子どもが権利の主体者であるという今日的な子ども観が広まるのには、まだまだ時間を要した。

1－2　児童福祉の理念　－保護の対象から権利の主体へ－

　今日の児童福祉を支える基本理念は、子ども自らが権利の主体でありその権利を保障し擁護するのが児童家庭福祉の役割であるとする考えである。19世紀以降世界に人権の思想が広まり、20世紀に入ってから本格的に社会福祉の理念として結実していくなかで、子どもの権利が児童福祉の中核的理念となったのである。

　日本では、第二次大戦後GHQの民主化政策のなかで1946年に誕生した日本国憲法の制定により、国民の基本的人権が明文化され、子どももまた基本的人権の主体者として位置づけられた。そして、焦土と化した街に多くみられた戦災孤児や浮浪児の保護を早急に解決しようと、1947年児童福祉法が成立した。

> **児童福祉法　第1条**
>
> 　すべて国民は、児童が心身ともに健やかに生まれ、且つ、育成されるよう努めなければならない。
> 　すべて児童は、ひとしくその生活を保障され、愛護されなければならない。

　これに続く第2条では、子どもの保護者とともに国および地方公共団体が子どもを心身ともに健やかに育成する責任を負うことが明記され、児童福祉の理念が明確に示された。

　児童福祉法はまた『児童の権利に関するジュネーブ宣言』の影響を強く受け、子どもの権利を規定しているともいわれている。ひろく『ジュネーブ（ジェネバ）宣言』として知られるこの子どもの権利宣言は、1924年第一次世界大戦の戦禍への反省から国際連盟で宣言された。前文と全5条からなる比較的短い宣言である。人類は子どもに対して最善の努力を払わなければならないこと、人種、国籍、信条のいかんを問わず子どもが心身ともに正当な発達を遂げるために、必要なあらゆる手段が講ぜられなければならないこと

が端的に述べられている。[1]

　しかし、このような宣言にもかかわらず、大人たちは再び第二次世界大戦という悲惨な戦争を子ども達に与えてしまった。その反省から1959年国際連合で採択されたのが『児童の権利に関する宣言』である。そして、このように積み上げられ確かめられてきた子どもの権利を、さらに具体化し法的拘束力のある国際条約へと高めたのが、1989年に国連で採択された『児童の権利に関する条約』なのである。

　『児童の権利に関する条約』は、「子どもの最善の利益」を子どもの権利の拠り所としてまず示した上で、子どもの意見表明権や市民的自由を新たに明文化するとともに、今まで法律や条約になかなか取り入れにくかった発達途上の存在という子どもの特性に対する配慮を、随所で積極的に行っている。条約はこのような子どもの意見表明権を含めた子どもの能動的権利を積極的に認めている点において画期的である。

　今後は、従来のような保護すべき対象としてだけ子どもをとらえるのではなく、能動的権利を持った権利の主体として子どもをとらえるとともに、この条約を日本における児童・家庭福祉の根底に据え、「子どもの最善の利益」がしっかりと考慮されているかどうか、子どもの目線に立ってその内容を検証するとともに、一層の改善と充実のために努力する必要がある。

2．児童・家庭福祉の法律と制度

　本項では、日本における児童・家庭福祉の主な法律の概要を紹介するとともに、それぞれの法律で定めたサービスがどのように実施されているのか、児童・家庭福祉の実施体制を概観する。

2－1　児童・家庭福祉の法律

　最近では「児童家庭福祉」や「子ども家庭福祉」が児童福祉にかわって使

われることも増えてきた。「1.57ショック」以降少子化対策が大きな政策課題となり、すべての子どもの健全育成を目的として、子どもの生活の基盤である家庭や地域社会に対する支援も積極的に行うべきであると考えるようになってきたことが、こういった呼称の変化となって現れている。

　児童・家庭福祉分野のサービスも他の社会福祉サービスと同様、その多くは法律に基づいてサービスが提供されている。ここでは、児童福祉六法のうち児童福祉サービスの中心となる児童福祉法と、母子及び寡婦福祉法を取り上げその概要を紹介する。加えて社会問題となっている児童虐待に対する施策を規定した児童虐待防止法について概説するとともに、関連法令として、DV防止法についてもその概要を紹介する。

> **児童福祉六法とは**
>
> 　児童福祉サービスを決めている主要な6つの法律を指す。具体的には次の六法である。
> 　①児童福祉法　②児童扶養手当法　③特別児童扶養手当等の支給に関する法律　④母子及び寡婦福祉法　⑤母子保健法　⑥児童手当法

1）児童福祉法〔1947年法律164号〕

　1947年児童福祉法が成立した。日本で初めて「福祉」が法律名に記載された法律である。敗戦後日本の主要都市にあふれていた戦災孤児を何とかしようと、当初『児童保護法』として草案されたが、審議の過程で障害児も含め広く児童全般の健全育成を図る福祉法へと発展し誕生したのが、この児童福祉法である。施行後何度も改正され、現在に至っている。

　この法律ではその対象を18歳未満の子どもすべてとしたうえで、国や地方公共団体は、保護者とともに子どもを心身ともに健やかに育成する責任を負うことを定めるとともに、すべての国民に対し子どもが心身ともに健やかに生まれかつ育成されるよう努めることを求めている。

　同法では、児童福祉に関する調査審議機関として児童福祉審議会を、また

児童福祉の業務を遂行する職種・機関・事業として、児童福祉司、児童委員、保育士、児童相談所、市町村、保健所、福祉事務所、児童福祉施設などについて定めている。このほか「放課後児童健全育成事業」などの各種事業や費用についても規定している。なおこの法律の適切な実施を図るために、「児童福祉法施行令」「児童福祉法施行規則」「児童福祉施設最低基準」が定められ児童福祉法のサービス体系が形作られている。

2) 母子及び寡婦福祉法〔1964年法律129号〕

1964年に母子福祉法として制定された。その後1981年の改正で母子家庭の母親として児童を扶養していたことのある寡婦に対する福祉の措置もとられ、現在の法律名となった。すべての母子家庭などにおいて、その児童が心身ともに健やかに育成されることと、母子家庭の母や寡婦などの健康で文化的な生活を保障することを目的としている。またこの法律における児童とは、20歳未満の者をいう。

同法では母子・寡婦福祉資金の貸付け、母子家庭等日常生活支援事業、住宅の確保、雇用の促進について規定している。そして身近な相談員として母子自立支援員を福祉事務所に配置している。なお2002年の改正で父子家庭の父も福祉の措置などの対象となり「ひとり親家庭」全般の支援へと整備が始まったところである。

3) 児童虐待防止法〔2000年法律84号〕

正式には『児童虐待の防止等に関する法律』といい、2000年議員立法によって制定された。児童虐待が急増するなど児童虐待問題が社会問題化したため児童福祉法だけでなく新たな法律の制定が必要となったことが制定の背景としてあった。同法には、児童虐待の防止に関する国および地方自治体の責務、児童虐待の定義、児童虐待の早期発見、児童相談所による早期安全確認などについて規定されている。2007年には同法の改正が行われ、保護者が正当な理由なく居宅への立ち入り調査を拒み、都道府県知事の発する再出頭要求に

も応じない場合は、裁判所の発する許可状をもって強制的に居宅を臨検・捜索することが可能となった。

4）DV防止法〔2001年法律31号〕

　正式には、『配偶者からの暴力の防止及び被害者の保護に関する法律』といい、2001年に議員立法で制定された。配偶者間の暴力（ドメスティック・バイオレンス）が深刻化しているのにも関わらず、被害者の救済が必ずしも充分に行われてこなかったことが同法の制定の背景にあった。その多くは男性から女性への暴力であるが、被害者にとって大きな人権侵害であるとともに、一緒に暮らす子どもにとっても日常的に暴力行為を見せつけられるのは大きな精神的苦痛であり、これも心理的虐待に他ならない。同法では、配偶者からの暴力の防止、被害者の保護を図ることを目的として、被害者の保護に関する国および地方公共団体の責務、被害者の保護のための相談や他機関の紹介、一時保護などを行う「配偶者暴力相談支援センター」の設置、地方裁判所による保護命令などを規定している。

2－2　児童・家庭福祉の実施体制

　前項で学んだ主な法律の他にも数多くある児童・家庭の法律や規則、関係省庁からの通知に基づき、各種相談援助機関や児童福祉施設などによって児童・家庭福祉サービスが提供される訳だが、サービス提供機関とその活動は多岐にわたる。妊産婦や乳幼児の健康相談や育児相談に応じる市町村の保健センターや保健所、児童家庭相談センター、保育所、学童保育、児童館、児童養護施設や知的障害児施設を始めとする各種児童福祉施設などがその具体例であるが、これ以上例示する余裕もないので、ここでは児童・家庭福祉を担う行政機関のうち、①児童相談所　②福祉事務所　③家庭裁判所　④配偶者暴力相談支援センターについて取り上げその主な役割を紹介する。

（髙橋一弘）

1）児童相談所

　児童相談所は、都道府県と指定都市に設置が義務づけられ、中核市も設置できることとされている子どもの福祉に関する第一線の行政機関であり、2008年4月現在、全国で197カ所が設置されている。その職務は、

　①特に専門的な知識・技術を要する相談
　②必要な調査並びに医学的・心理学的・教育学的・精神保健上の判定
　③調査・判定に基づき必要な指導
　④子どもの一時保護
　⑤施設入所などの措置
　⑥市町村などへの必要な助言

である。児童相談所にはソーシャルワーカーである児童福祉司や心理判定などを行う児童心理司をはじめ、一時保護部門の児童指導員、保育士、栄養士、ならびに医師、保健師などが配置され、高度な専門性を発揮することが期待されている。

　児童相談所が受付ける相談・通告の種類は、

　①虐待や養育困難などに関する「養護」
　②病児などに関する「保健」
　③療育手帳判定などに関する「障害」
　④ぐ犯や触法行為などに関する「非行」
　⑤不登校などに関する「育成」

と非常に幅広く、相談・通告者も、子ども本人や保護者・親族から、市町村行政、学校、医療機関、福祉施設、警察、家庭裁判所などの関係機関、および一般住民まで多岐にわたる。これらの相談・通告に対し多方面からの情報収集や心理検査、および必要に応じての一時保護などを行った上で、援助方針会議などの合議により施設入所や里親委託、児童福祉司指導、家庭裁判所送致などの措置を決定・実施するほか、通所による心理治療や、親権喪失宣告請求など民法上の業務も行っている。なお、子どもの一時保護と施設などへの入所措置を行う権限は児童相談所だけに与えられている。

児童相談所は、子どもの福祉についてのあらゆる機能が一体化した世界でも類を見ない行政機関であり、子どもに関するすべての相談に応じてきた。しかし、近年の児童虐待相談・通告の急増にともない職員の対応も限界を超えるなどしたため、児童相談所の増設や児童福祉司などの増員など相談体制の強化が図られている。さらに、2004年の児童福祉法改正により市町村行政が児童・家庭福祉に関する相談援助を第一義的にになうこととされ、児童相談所は主に法律に基づく強制介入を担当するなど役割分担が進んできている。

(相原眞人)

2) 福祉事務所

　社会福祉法で「福祉に関する事務所」として都道府県および市、特別区に設置が義務づけられている。いわゆる福祉六法に定められた相談援助サービスを担当する行政機関として重要な役割をになっている。福祉事務所には所長のほか査察指導員、現業員、身体障害者福祉司、知的障害者福祉司などの職員が配置され、母子自立支援員も多くの福祉事務所に配置されている。

　児童家庭福祉に関しては、相談援助機能を充実強化するために「家庭児童相談室」を設置できるとされており、全国の約4分の3の福祉事務所に設置されている。この家庭児童相談室には社会福祉主事と家庭相談員が置かれ、地域における児童相談に当たるとともに、必要に応じて児童相談所との連携や調整を図っている。2004年の児童福祉法改正によって、市町村が子どもや家庭に関する相談援助をになうことが明確化された。専門的な知識や技術が必要な場合には児童相談所とも連携をとり、その助言や支援を求めることもできる。とりわけ児童虐待の通告先として市町村が新たに位置づけられ、児童家庭福祉の地域における最も身近な相談援助機関としてその役割を果たすことが期待されている。

3) 家庭裁判所

　家庭裁判所は、夫婦や親子関係の問題に関する家事事件や、少年の非行や

犯罪に関する少年事件などについて審判を行う裁判所である。家庭内の紛争や少年犯罪の背景にある問題や原因を探り、これらの事件が円満に解決され少年の健全な更正ができるようそれぞれの事案に適切な措置を講じ、将来を展望した解決を図ることを理念としている。そのために家庭裁判所調査官という職種が置かれ、心理学や社会学などの知識技術を活用して事実の調査にあたるとともに人間関係の調整を行っている。少年事件の調査にあたっては必要に応じて少年鑑別所の鑑別結果も活用している。14歳未満の触法少年、ぐ犯少年は原則として児童相談所に送致され、14歳以上の犯罪少年は家庭裁判所に送致されるのが原則だが、児童相談所が家庭裁判所に事件を送致することもあれば、反対に家庭裁判所が児童相談所へ送致する場合もあり相互の連携は欠かせない。

4）配偶者暴力相談支援センター

　DV防止法に基づき都道府県が設置している。身体的暴力だけでなく、精神的な暴力についての相談のほか、被害者の一時保護や自立のための情報提供や援助、関係機関との連絡・調整、保護命令の制度についての情報提供などがその主な援助内容である。同センターは、売春防止法により設置されている婦人相談所やその他の適切な施設においてセンターの機能を果たすようにするようDV防止法に規定されており、多くの都道府県で婦人相談所が配偶者暴力相談支援センターをあわせになっている。　　　　　（髙橋一弘）

保護命令とは

　地方裁判所が、被害者からの申し立てにより発令する。被害者が更なる配偶者からの暴力により、生命や身体に重大な危害を受ける恐れがある場合に発せられる。配偶者に対し、6カ月間被害者（と同居の未成年の子）への接近禁止や住居からの2カ月間の退去、住居付近の徘徊の禁止を命じることができ、違反者は1年以下の懲役または100万円以下の罰金に処せられる。

3．児童・家庭福祉サービスと地域

3－1　児童虐待への対応

1）児童虐待とは

　児童虐待の防止等に関する法律は、児童虐待の種類として、
　①身体に外傷が生じるような暴行を加えるなどの「身体的虐待」
　②わいせつな行為をするなどの「性的虐待」
　③保護者としての監護を著しく怠るなどの「ネグレクト」
　④心理的外傷を与える言動を行うなどの「心理的虐待」
の4つを規定している。これら虐待への児童相談所の対応件数は年々増加し、2007年度には40,618件（速報値、当初の約37倍）と過去最高を更新した（図1参照）。

2）児童虐待の要因

　虐待に至る要因は、
　①親自身の被虐待経験や精神疾患、薬物依存など「保護者側の要因」
　②乳児期の子どもや未熟児、障害児、育てにくさを持つなど「子ども側の要

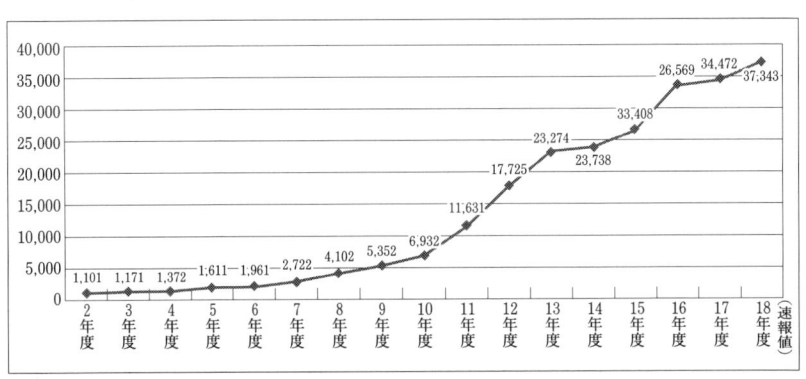

図1　2006年度　児童相談所における児童虐待相談対応件数（参考）
出典：厚生労働省報道発表資料（2007年7月）

因」
　③単身家庭、内縁者・同居人がいる家庭、子連れ再婚家庭、夫婦関係不和、経済的不安、親族・地域社会からの孤立など「養育環境の要因」

に大別できる。これらは特殊なものではなくどの家庭にも起こり得ることであり、また複数の要因が絡み合って虐待に至ると考えられる。しかし、親や子ども自身に虐待のリスク要因があっても周囲の人間関係や養育環境を良好に保つことでリスクを低減することは可能であり、地域における子育て支援体制の整備などによる虐待の発生予防が重要になる。

3）児童虐待への対応

　児童虐待が発生した場合、まず重要なのは虐待の早期発見と児童相談所など専門機関への通告および危険程度の速やかな判断である。児童福祉法は一般国民の通告義務を定めるとともに、児童虐待の防止等に関する法律で医師、教師など子どもの福祉に関係する職種についても虐待の早期発見を求めている。なお2007年の児童相談所運営指針改訂により、通告があった場合は原則48時間以内の安全確認が望ましい旨、明記された。

　虐待の程度から親子分離が必要と判断されれば、子どもの一時保護や児童養護施設などへの入所、里親委託などが行われる。一時保護は児童相談所長の職権でも実施できるが、施設入所などの措置は親権者の同意が必要なため、同意が得られない場合は家庭裁判所に申し立てて承認を得ることになる。

　分離保護が必要ないと判断された場合でも、継続した見守りや在宅指導を行うため、児童相談所、市町村行政、学校、警察、医療機関、福祉施設などが連携のうえで介入する場合が一般的である。また、援助の方向としては、
　①子どものケア
　②親への支援
　③親子の関係改善

に大別でき、子どもについては心理治療や発達支援が、親については育児負担軽減サービスの導入やカウンセリングなどが、関係改善については親子宿

泊での生活訓練やペアレンティングなどの実施が考えられる。

　しかし、わが国では子どもの虐待死亡事例が後を絶たないことから、虐待の早期発見と初期介入、子どもの分離保護に重点が置かれる傾向が強く、虐待予防や親子再統合への支援は必ずしも充分ではない。今後は、予防的支援充実とあわせ親子関係再構築の方法論の確立が求められているといえる。

> **ペアレンティングとは**
>
> 　子どもへの関わり方がわからない親に対して、良好な親子関係の形成を目的に、子どもへの関わり方を教える親業教育のこと。

3-2　健全育成・子育て支援サービス

　わが国の児童福祉は、被虐待児など特別な支援を必要とする子どものみならず、すべての子どもの健やかな育成を基本理念としている。また、子育て支援とは家庭の児童養育機能低下に対応した育児への支援的関わりであり、最終的には子どもの健やかな育成を目指すものである。すなわち、子育て支援を有効に機能させることにより子どもの健全育成を達成することが、児童福祉の究極的な目標であるともいえる。ここでは、子どもの健全育成と親の子育て支援に関し、最近の動向も織り込みながらその全体像を概観する。

1）子どもを健全に育成するためのサービス

　子どもの健全育成施策としては「放課後児童健全育成事業（学童保育）」と「児童館」が代表的である。放課後児童健全育成事業は、児童福祉法の規定に基づき、保護者が昼間就労などで家庭に不在のおおむね10歳未満の子どもに対し、学校の空き教室や児童館などを利用して適切な遊びや生活の場を与えその健全育成を図るものである。児童館は、児童福祉法に規定する児童厚生施設の一種で、子どもに健全な遊びを与えて健康を増進し情操を豊かにすることを目的としており、放課後児童健全育成事業や、子育てサークル活

動などの拠点にもなっている。

　これらをベースに、文部科学省が行う「放課後子ども教室推進事業」との一体的な運営を図る「放課後子どもプラン」が、2007年からスタートした。これは放課後などにおける子どもの安全で健やかな居場所確保を目的としており、基本的には市町村の教育委員会が主管する。学校や福祉部局、地域住民などからなる運営委員会を設置して事業計画などを検討することになっており、空き教室の利用など小学校内での実施を原則とするが、児童館での実施や適切な指導員の配置、保護者の就労状況を考慮した開設日数の確保など放課後児童健全育成事業が対象とする子どもにも配慮している。

2）親の子育てを支援するためのサービス

　子育て支援施策にはさまざまなものがあるが、その中でも地域住民に最も身近な市町村により実施されるものが重要である。2003年の児童福祉法改正により市町村が行うこととされた子育て支援事業には、前述の放課後児童健全育成事業のほかに、

　①緊急一時的に児童養護施設などで養育・保護を行う短期入所生活援助（ショートステイ）事業や夜間などの一定時間生活指導・食事の提供を行う夜間養護など（トワイライトステイ）を行う事業

　②出産後などに保育士などを派遣する事業

　③精神的・肉体的負担を軽減するための一時保育などを実施する事業

　④親子の居場所づくりを行う（つどいの広場）や子育てサークル支援を行う（地域子育て支援センター）などを実施する事業

などがある。

> 　なお、①を「子育て短期支援事業」②を「児童及びその保護者又は他の者の居宅において保護者の児童の養育を支援する事業」③を「保育所その他の施設において保護者の児童の養育を支援する事業」④を「地域の児童の養育に関する各般の問題につき、保護者からの相談に

応じ、必要な情報の提供及び助言を行う事業」という。

　このうち、地域の子育て支援拠点となる「つどいの広場」と「地域子育て支援センター」について、「児童館」の活用も図りながらそれぞれの機能を活かし、新たに「ひろば型」「センター型」「児童館型」の3つに再編して子育て支援の場を増やそうとする「地域子育て支援拠点事業」が、2007年からスタートした。共通して取り組む内容としては、
　①子育て親子の交流場所提供と交流促進
　②子育てに関する相談援助の実施
　③地域の子育て関連情報の提供
　④子育てや子育て支援に関する講習などの実施
の4つで、実施主体は市町村だが民間事業者への委託も可能となっている。

3）今後の課題など

　これらのサービスは、拠点になる施設などに人を集めて行うものが多い。しかし、子どもを養育するうえで何らかの課題を抱えていても自ら相談に訪れず支援につながらない家庭の存在は従来からも指摘されていた。国も、リスクがあると思われる家庭を抽出して訪問する育児支援家庭訪問事業などを行ってはきたが、人員確保が難しいなどの理由から、実施状況は必ずしも芳しくはなかった。そのような意味で、2007年からスタートした母子愛育班員などのボランティアや保健師が生後4カ月までの乳児のいる全ての家庭を訪問して悩みや不安を聞く「生後4カ月までの全戸訪問事業」は、育児ストレスや孤立感などを抱いている家庭の実情を把握するうえで画期的な取り組みであり、今後に注目したい。

　なお、2008年の児童福祉法改正により、市町村の行う子育て支援事業に、①乳児家庭全戸訪問事業（生後4カ月までの全戸訪問事業）②養育支援訪問事業（育児支援家庭訪問事業）③地域子育て支援拠点事業　④一時預かり事

業が追加され、第2種社会福祉事業として位置づけられた。

3-3 ひとり親家庭やDVへの対応

1) ひとり親家庭に対するサービス

ひとり親家庭とは、「母子家庭」と「父子家庭」を総称することばである。ひとり親の原因は生き別れが最も多く、1998年時点で母子家庭の80%、父子家庭の65%となっており、近年の離婚増加が懸念材料である。

ひとり親家庭が抱える社会生活上の課題は、ひとりの親が就労と家事・育児の両方をになうという生活形態から、

①共働き世帯に比べ相対的に低所得

②就労と家事・育児の両立にともなう諸困難

の2つに大きく分けられ、母子家庭については経済的な困難が、父子家庭については就労と家事・育児の両立困難が、それぞれ大きなウエイトを占める傾向にある。

これらの課題に対し、前述の母子及び寡婦福祉法に基づくさまざまな支援や児童扶養手当の支給、保育所への優先的入所、児童養護施設や里親宅でのショートステイ、トワイライトステイの実施、母子生活支援施設への入所など、各種の福祉的支援が行われている。

しかし、父子家庭に対する支援は始まったばかりであり、今後とも施策の拡充が必要であるほか、母子家庭も含め住宅の確保や子どもの教育保障など解決すべき課題は多い。

2) DV (ドメスティック・バイオレンス) への対応

DVとは、直訳すれば家庭内暴力のことを指すが、一般的には家庭内にとどまらず夫婦や内縁関係、恋人同士など親密な関係における男性から女性への暴力全般を意味し、身体的暴力のみならず女性の思考や行動を萎縮させるような精神的暴力や、避妊に協力しないなどの性的暴力も含まれる。

DVの背景としては、男性の生物学的特徴である筋力（パワー）とそれにともなう支配（コントロール）に裏打ちされ歴史的に形成されてきた社会的性別役割分業の固定化が指摘されているが、そのような構造だけではなく、女性という存在それ自体に対する男性側の依存的な心理も見逃せない。

　DVに対する支援としては、前述の「DV防止法」と「配偶者暴力相談支援センター」および「保護命令」のとおりである。しかし、わが国でのDV支援は始まったばかりであり、相談件数などの増加なども見込まれているため、今後とも相談支援の体制整備が急務であるといえる。　　　（相原眞人）

〔註〕
　1）大正大学社会福祉研究会編『社会福祉原論Ⅰ』大正大学出版会、pp.25-26、2007年

参考文献
　＊百瀬孝『日本福祉制度史－古代から現代まで－』ミネルヴァ書房、1997年
　＊許斐有『子どもの権利と児童福祉法　社会的子育てシステムを考える　増補版』信山社、2001年
　＊山縣文治編『ソーシャルウェルビーイング事始め（改訂版）』有斐閣、2005年
　＊吉澤英子・西郷泰之『児童家庭福祉論』光生館、2003年
　＊高橋重宏・才村純『子ども家庭福祉論』建帛社、1999年
　＊山縣文治編『よくわかる子ども家庭福祉　第4版』ミネルヴァ書房、2006年
　＊日本子ども家庭総合研究所編『子ども虐待対応の手引き』有斐閣、2005年
　＊柏女霊峰・山縣文治編『家族援助論』ミネルヴァ書房、2005年
　＊柏女霊峰『養護と保育の視点から考える子ども家庭福祉のゆくえ』中央法規出版、2001年
　＊厚生労働省ホームページ：http://www.mhlw.go.jp
　＊厚生労働省『児童相談所運営指針の改定について』厚生労働省雇用均等・児童家庭局長通知、2005年
　＊厚生労働省『行政説明資料』全国児童福祉主管課長・児童相談所長会議、2008年

第10章
障害者福祉制度と地域

Key words：
障害者福祉・障害者自立支援法・連携とネットワーキング・精神障害者福祉

> 本書の姉妹書である『社会福祉原論Ⅰ』の第11章「障害者福祉」では、障害者福祉論に関する基本的項目について網羅した。本章では社会福祉士養成新カリキュラム「障害者に対する支援と障害者自立支援制度」のシラバスに基づき、障害者自立支援法（以下、自立支援法とする）を中心とした法体系と地域での実践を展開する際に重要となってくる連携とネットワークについて述べていく。加えて、精神保健と精神障害者福祉について整理する。

1．障害者の定義と障害者福祉の理念

1－1　障害者福祉関連法にみる障害者の定義

　各障害者福祉関連法は、次のように障害のある人を定めている。

　1993年に成立した障害者基本法では、その第2条で「障害者」とは、「身体障害、知的障害又は精神障害があるため、長期にわたり日常生活または社会生活に相当な制限を受ける者をいう」としている。

　1949年に制定された身体障害者福祉法では、身体障害者とは「別表（身体障害者障害程度等級表）に掲げる身体上の障害がある18歳以上の者であって都道府県知事から身体障害者手帳の交付を受けた者」と定義されている。1960年に制定された精神薄弱者福祉法（1998年、知的障害者福祉法に改正）には、知的障害者の定義はなされていないが、「おおむね18歳までの心身の発達期に何らかの原因によりその障害が発現し、一般的知的機能が明らかに平均より低く、生活上の適応障害を伴っているもの」と考えられる。1995年に成立した精神保健および精神障害者福祉に関する法律では、精神障害者とは「統合失調症（2002年に統合失調症に病名統一）、中毒性精神病、知的障害、精神病質その他の精神疾患を有する者」と定義されている。

　2004年に成立した発達障害者支援法は、自閉症、学習障害、注意欠陥多動性障害などを発達障害として位置づけ、自立、社会参加、生活全般にわたる支援を目的とした法律である。

　一方、厚生労働省が行っている「知的障害（児）者基礎調査（2005年）」や「身体障害児・者実態調査（2006年）」「社会福祉施設等調査（2006年）」「患者調査（2005年）」などの最新の実態調査結果や、『障害者白書』、『社会福祉の動向』などの統計資料により、障害のある人たちの人数や障害状況、地域生活や就労といった生活実態を把握しておく必要がある。

1－2　障害者福祉の理念

1）障害の概念と分類

　2001年に採択されたICF（国際生活機能分類）は、障害を「心身機能／構造」「活動」「参加」の3つのレベルでとらえ、さらに障害の発生と変化に影響するものとして、個人因子だけではなく環境因子の重要性を強調した循環モデルを採用している。一方で、障害受容のプロセス（体験としての障害）を考えることは重要である。

2）ノーマライゼーション

　ノーマライゼーションの考え方を提唱した人には、次の3人がいる。

> ①デンマーク知的障害者親の会の活動に関わり、1959年法に「ノーマルな生活状態にできるだけ近い生活を作り出すこと」を明記した、生みの親といわれるバンク―ミケルセン。
> ②知的障害者を障害のない人の生活様式や条件に可能な限り近づけることであるとし、1日・1週間・1年・人生のノーマルなリズムや、異性との生活など8つの原理を提示した、育ての親といわれるスウェーデンのニィリエ。
> ③ノーマライゼーションの原理を具体的な利用者支援の場面に適用できるように、サービスシステムを分析するための指標を作成し、社会的役割の価値付与（Social Role Valorization）という考え方を生み出したアメリカのヴォルフェンスベルガー。

3）自立と自律

　自立生活運動は、重度障害者が家族や施設職員に依存した生活から脱却し、地域社会のなかで自らの意志と責任において生活をする際に必要となる、所得保障や住居と介助の確保、社会参加の機会、教育とリハビリテーションの充実などを権利として獲得するための運動である。自立生活運動が社会に与

えたインパクトは、医療保健福祉サービスにおける専門職主導の「医療モデル」に対し、受動的なクライエント役割から脱却し、消費者・利用者の立場から政策決定やサービス提供プロセスへ積極的に参加することで、専門職との対等な関係の構築を目指したことにある。

　自立に関する自立生活運動における代表的規定では、人の助けを借りて15分で衣服を着て仕事に出掛けられる障害者は、自分で衣服を着るのに2時間かかるために家にいるほかない障害者よりも「自律」しているとしている。障害種別を問わず、またいかに重度であろうと、自らの望む生活を、必要に応じて他者の支援を得ながら、自ら選択し、実現することに意義がある。

　従来、絶対視されてきた日常生活動作 (ADL) の「自立」から、障害に適した生活の質 (QOL) の充足を意図した「自律」に、基本理念の転換が図られた。従来サービス提供者が決定してきたケアのあり方を、障害当事者が自己管理する能力を獲得することが、自立生活において自己決定権を行使する意味で重要視された。

2．障害者関連施策とサービス

2-1　障害者関連施策に関する主な法体系

　福祉法以外にも多くの法律が障害者について規定しており、それらに基づく施策があることにより、結果として障害者の福祉、生活の質が向上している。例えば図1で示したように、①社会福祉だけではなく ②健康保険各法を含む保険医療関連 ③学校教育法や社会教育法を含む教育関連 ④雇用保険法や最低賃金法を含む雇用・就業関連 ⑤公的年金各法や生活保護法を含む所得保障関連 ⑥税制各法や交通・建築、通信・情報、権利擁護などその他の関連法に分類し列挙することができる。

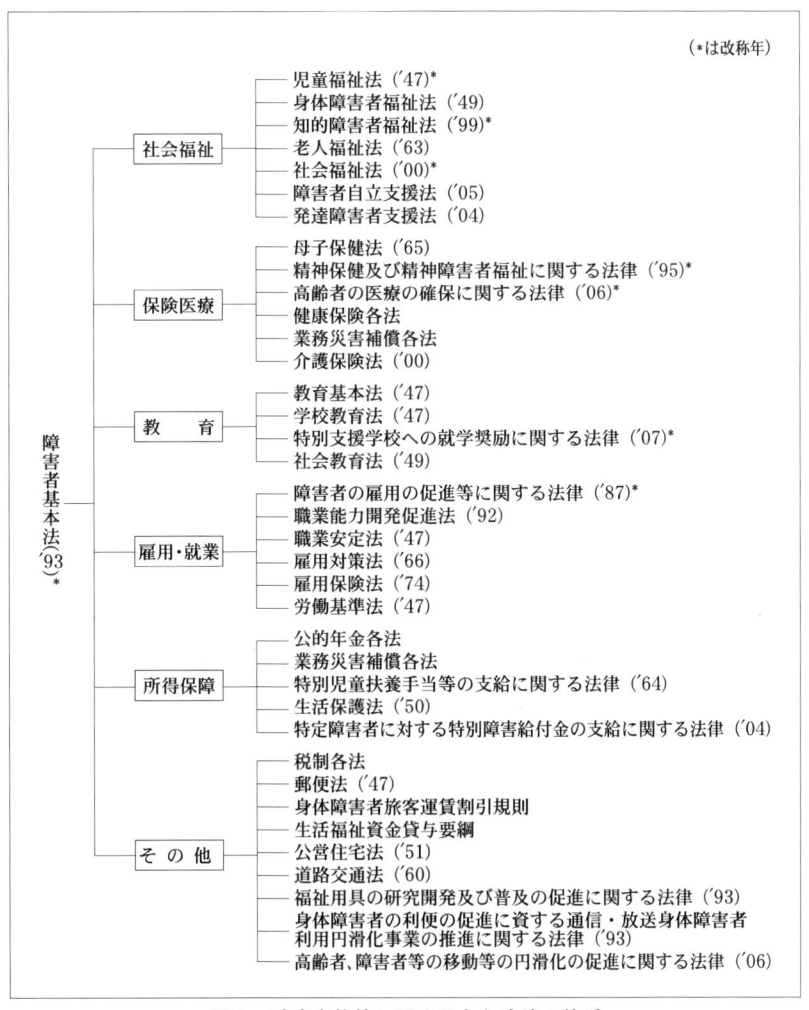

第10章　障害者福祉制度と地域　169

```
                                                              （*は改称年）
                    ┌─ 児童福祉法（'47）*
                    ├─ 身体障害者福祉法（'49）
                    ├─ 知的障害者福祉法（'99）*
          ┌ 社会福祉 ┼─ 老人福祉法（'63）
          │         ├─ 社会福祉法（'00）*
          │         ├─ 障害者自立支援法（'05）
          │         └─ 発達障害者支援法（'04）
          │
          │         ┌─ 母子保健法（'65）
          │         ├─ 精神保健及び精神障害者福祉に関する法律（'95）*
          │ 保険医療 ┼─ 高齢者の医療の確保に関する法律（'06）*
          │         ├─ 健康保険各法
          │         ├─ 業務災害補償各法
          │         └─ 介護保険法（'00）
          │
          │         ┌─ 教育基本法（'47）
障        │ 教  育  ├─ 学校教育法（'47）
害        │         ├─ 特別支援学校への就学奨励に関する法律（'07）*
者        │         └─ 社会教育法（'49）
基        │
本        │         ┌─ 障害者の雇用の促進等に関する法律（'87）*
法        │         ├─ 職業能力開発促進法（'92）
（        │ 雇用・就業├─ 職業安定法（'47）
'93       │         ├─ 雇用対策法（'66）
）        │         ├─ 雇用保険法（'74）
*         │         └─ 労働基準法（'47）
          │
          │         ┌─ 公的年金各法
          │         ├─ 業務災害補償各法
          │ 所得保障 ┼─ 特別児童扶養手当等の支給に関する法律（'64）
          │         ├─ 生活保護法（'50）
          │         └─ 特定障害者に対する特別障害給付金の支給に関する法律（'04）
          │
          │         ┌─ 税制各法
          │         ├─ 郵便法（'47）
          │         ├─ 身体障害者旅客運賃割引規則
          │         ├─ 生活福祉資金貸与要綱
          │ その他   ├─ 公営住宅法（'51）
          └         ├─ 道路交通法（'60）
                    ├─ 福祉用具の研究開発及び普及の促進に関する法律（'93）
                    ├─ 身体障害者の利便の促進に資する通信・放送身体障害者
                    │  利用円滑化事業の推進に関する法律（'93）
                    └─ 高齢者，障害者等の移動等の円滑化の促進に関する法律（'06）
```

図1　障害者施策に関する主な法律の体系

出典：『社会福祉の動向2009』中央法規出版、p.167、2008年

2－2　障害者基本法と障害者の権利条約

　1993年に成立した障害者基本法（以下、基本法とする）は、1970年制定の障害者対策基本法が抜本的に改定され、名称変更された法律である。その目的に「障害者の自立と社会、経済、文化その他あらゆる分野の活動への参加を促進すること（第1条）」が位置づけられた。また都道府県や市町村の「障害者基本計画」策定への努力義務が盛り込まれたが、策定が遅々として進まないことに対処するため、国は1995年に「障害者プラン（ノーマライゼーション7カ年戦略）」を通知した。ノーマライゼーションとリハビリテーションの理念を踏まえ、7つの視点から施策の重点的推進をはかるものであり、これには当面障害者施策として緊急に対応すべき数値目標が示された。

　2003年には以後10年間の「障害者基本計画」が策定され、前期と後期の5年間の計画（「重点施策実施5カ年計画」）に分けて具体的な数値目標を設定した。前期（2003～2007年度）計画で特徴的なことは、入所施設を真に必要なものに限定し、地域資源として有効に活用することや10年間で精神障害者のうち退院可能な人たち（約7万2千人）の退院・社会復帰を目指すことの2点を明記したことである。後期（2008～2012年度）計画では、①啓発・広報　②生活支援　③生活環境　④教育・育成　⑤雇用・就業　⑥保健・医療　⑦情報・コミュニケーション　⑧国際協力の8分野にわたって、重点施策とその達成目標をあげている。

　基本法の2004年の改正では、「何人も、障害者に対して、障害を理由として、差別することその他の権利利益を侵害する行為をしてはならない（第3条）」との障害者差別に関する禁止の文言が入り、これまでの障害者の日をさらに発展させ、12月3日から12月9日を「障害者週間」と定める規定が盛り込まれた。また都道府県および市町村の計画策定が義務化され、新たに内閣府に「中央障害者施策推進協議会」が設置された。

　一方、国際動向としては、1990年のADA（障害をもつアメリカ人法）成立以降、世界各国で差別禁止規定をもつに至り、障害や差別を定義し、教育

や労働などの具体的生活場面における権利行使に向けた環境整備としての「合理的配慮」を義務づける条約策定の動きが、2001年より国連で始まった。その結果、2006年12月「障害者の権利条約」が成立し、2007年3月に条約とその選択議定書の署名式が国連本部総会議場にて行われ、81カ国と欧州共同体（EC）が条約へ署名した。日本は2007年9月に署名し、批准に向けた国内法の改正に取り組んでいる。この条約には2009年3月現在、139カ国が署名している。

2－3　障害者雇用

　障害者の就労形態には、一般企業に雇用されて働く「雇用就労」と「援護就労」がある。援護就労とは、各種障害者授産施設と小規模作業所といった福祉施設で、作業などの労働を行う福祉的就労である。ジョブコーチが障害者と一緒に一般企業に入職し、技能指導や職場の人間関係の調整を一時的に行い、職場定着を図っていく「援助付雇用」も確立してきた。

　「障害者の雇用の促進等に関する法律」は、何回かの改正を経て現在に至っている。例えば1976年には雇用が努力義務から法定義務となり、1997年には、それまで身体障害者に限定されていた法定雇用率の算定に知的障害者を、2005年には精神障害者を算入することになった。「法定雇用率」は、障害者の雇用を促進するための数値目標で、全従業員に対する障害者の割合で設定している。例えば民間企業については1.8％と定めており、それが達成できない企業に「雇用納付金（雇用する障害者が1人不足するごとに1カ月あたり5万円を徴収する）」というペナルティを課すと同時に、雇用した企業には「雇用助成金」を出し、事業主への雇用支援を行っている。

　2005年の法改正では、在宅就業者に対する支援の強化や、地域障害者就労支援事業およびジョブコーチ助成金制度の創設、障害者就業・生活支援センター事業の拡大など、雇用対策に止まらず、障害者福祉施策との連携が盛り込まれた。

さらに障害者の雇用の促進などに関する法律の一部を改正する法律（改正障害者雇用促進法）が2008年に成立し、2009年4月から段階的に施行されている。その概要は、従来の「雇用納付金」制度の対象が常用雇用労働者を301人以上雇用する事業主のみだったが、障害のある人にとってより身近な中小企業における雇用の促進を図るために、2010年7月から201人以上の事業主、2015年4月から101人以上の事業主に拡大される。また2010年から、短時間労働（週所定労働時間20時間以上30時間未満）が法定雇用率の対象となり、常用雇用労働者の総数や実雇用障害者数の計算の際に、短時間労働者を0.5カウントとして算定することになる。このように障害者雇用の拡大と安定を目的として法改正が行われる一方、2008年秋以降の世界同時不況の影響で、障害のある人が解雇されるケースが急増している。これらに対する救済策と同時に、解雇に至らない人たちへの対策も含め、安定した雇用環境を作っていくことは急務である。

　以上のようにさまざまな雇用促進に関する取り組みがなされているが、雇用率の達成率（実雇用率）は停滞している。障害のある人の所得保障を考える際には、雇用支援とあわせて、年金制度の充実、必要に応じて生活保護制度の活用を検討する必要がある。

2－4　特別支援教育とインクルージョン

　ノーマライゼーションの考えが世界に広まるとともに、障害者などを社会に受け入れともに暮らすとの考え方であるインテグレーション（Integration）の理念のもと、統合教育が実践された。しかし意識変革がともなわないまま、単に一緒に置かれる状況になってしまう限界がインテグレーションの考えにはあり、障害を含めた互いの違いを認め合い、あるがままを受け入れ、ともに生きる社会の創造を目指したインクルージョン（Inclusion）が新たに提案された。インクルーシブな教育とは、個々の違いや抱える課題とは無関係に、すべての子どもが普通学級に在籍し教育を受けることができるようにするこ

とであり、そのことを視野に入れ、「学校教育法の一部を改正する法律」（2007年）により、「特別支援学校」の制度が創設され、個のニーズに応じた教育支援が始まった。

2-5　ユニバーサルデザインと福祉のまちづくり

2006年に成立した「高齢者、障害者等の移動等の円滑化の促進に関する法律」は、通称、「バリアフリー新法」と呼ばれ、従来からの「高齢者、身体障害者等が円滑に利用できる特定建築物の建築の促進に関する法律」（ハートビル法）と「高齢者、身体障害者等の公共交通機関を利用した移動の円滑化の促進に関する法律」（バリアフリー法）の内容を再検討し、すべての障害者を対象として、点ではなく面でのまちづくりを意図し、罰則規定を強化したことに特徴がある。

3．障害者自立支援制度と障害者の地域生活支援

3-1　障害者自立支援制度の概要

社会福祉基礎構造改革により、2000年に社会福祉事業法を含めた関係法が改正され、2003年には支援費制度（サービス利用にあたって契約制度）が開始となったが、①障害種別ごとのサービス提供や施設・事業体系の複雑性②サービスの提供体制に地方自治体間の格差③増え続けるサービス利用のための財源を確保することの困難性などがあり、その問題解決のために、2004年4月から「障害者自立支援法」に基づく障害者福祉施策が始まった。

自立支援法は、①3障害の制度一元化と市町村を基本とする仕組みへの統一　②利用者本位のサービス体系に再編　③安定的な財源確保のために費用を皆で支え合う仕組みを強化　④就労支援の抜本的強化　⑤支給決定の仕組みの透明化および明確化をポイントとして制定された。

○「地域生活支援」、「就労支援」といった新たな課題への対応するため、自立訓練や就労移行支援等の地域生活への移行に資する機能を強化するための事業を実施する。
○入所期間の長期化など本来の施設の機能と入所者の実態の乖離を解消するため、サービス体系を機能に着目して再編し、効果的・効率的にサービスが提供できる体系を確立する。

<現行>

- 重症心身障害児施設（年齢超過児）
- 進行性筋萎縮症療養等給付事業
- 身体障害者療護施設
- 厚生施設（身体・知的）
- 授産施設（身体・知的・精神）
- 小規模授産施設（身体・知的・精神）
- 福祉工場（身体・知的・精神）
- 精神障害者生活訓練施設
- 精神障害者地域生活支援センター（デイサービス部分）
- 障害者デイサービス

概ね5年程度かけて新体系へ移行

<見直し後>

日中活動の場

以下から一ないし複数の事業を選択
- 療養介護（※1）（医療型）
- 生活介護（福祉型）
- 自立訓練（機能訓練・生活訓練）
- 就労移行支援
- 就労継続支援
- 地域活動支援センター（地域生活支援事業）

※1 医療施設において実施。

住まいの場

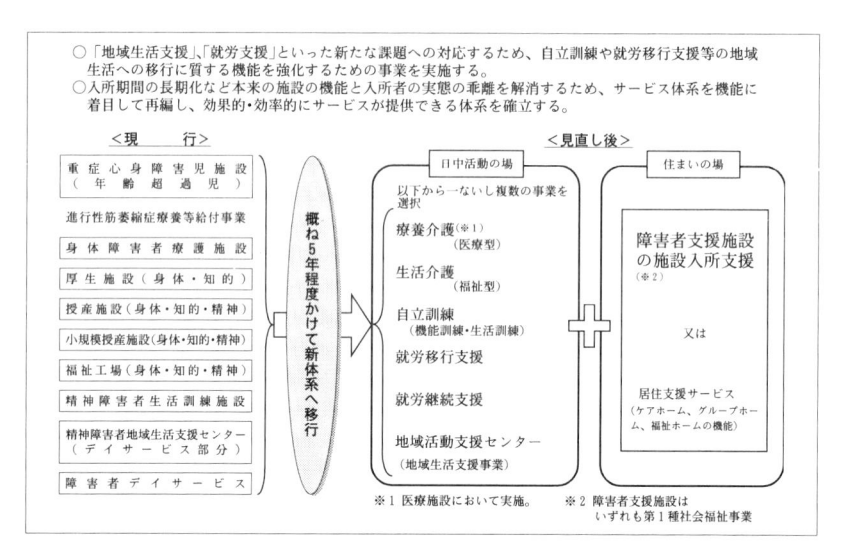

障害者支援施設の施設入所支援（※2）

又は

居住支援サービス（ケアホーム、グループホーム、福祉ホームの機能）

※2 障害者支援施設はいずれも第1種社会福祉事業

図2　施設体系・事業体系の見直し

出典：厚生労働省資料

障害者の福祉サービスの必要性を総合的に判定するため、支給決定の各段階において、①障害者の心身の状況（障害程度区分）、②社会活動や介護者、居住等の状況、③サービスの利用意向、④訓練・就労に関する評価を把握し、支給決定を行う。

障害程度区分認定調査項目（約100項目） → ①障害者の心身の状況

↓

一時判定（市町村）

↓（介護給付を希望する場合／訓練等給付を希望する場合）

医師の意見書 → 二次判定（審査会）

↓

障害程度区分の認定

↓

勘案事項調査項目
○地域生活　○就労　○日中活動　○介護者　○居住　など
→ ②社会活動や介護者、居住等の状況

↓

サービスの利用意向の聴取 → ③サービスの利用意向

↓

暫定支給決定

↓

訓練・就労評価項目 → 個別支援計画 → ④訓練・就労に関する評価

↓

審査会の意見聴取

↓

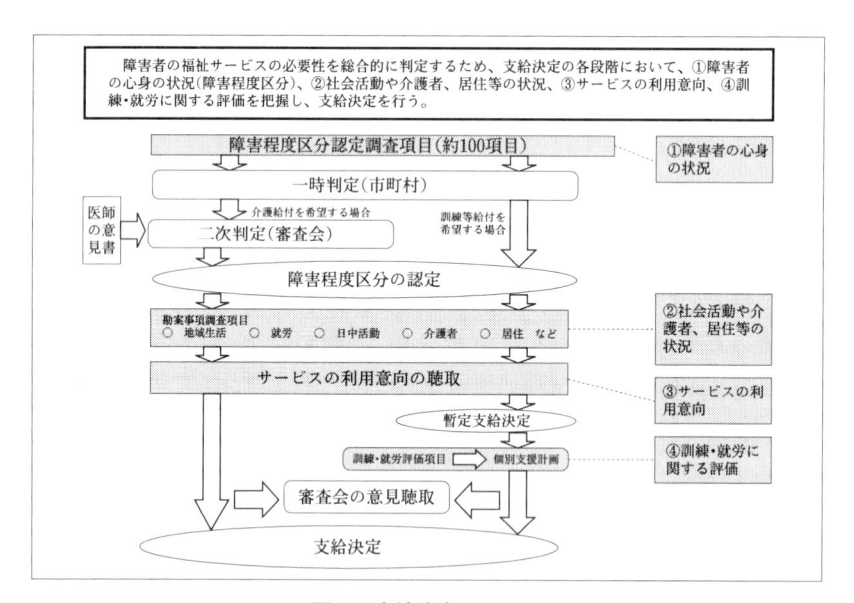

支給決定

図3　支給決定について

出典：厚生労働省資料

サービスの利用手続きでは、サービスの必要性を総合的に判断するために、「障害程度区分」というアセスメントの仕組みを導入した。サービスを「自立支援給付」と「地域生活支援事業」とに分類し、自立支援給付に、「介護給付」と「訓練等給付」「自立支援医療」「補装具」を組み込んだ。福祉サービスの体系も変更され、「日中活動の場」と「住まいの場」におけるサービスの組み合わせで提供されることになった。各社会福祉法人、施設では2011年度末の最終期限に向け、新制度体系への移行に取り組んでいる。

　利用者負担については、サービスを利用するとその１割を負担する「定率（応益）負担」の仕組みを導入すると同時に、負担上限額の設定や減免などの低所得世帯に配慮した軽減措置を盛り込んだ。その後2007年４月には「特別対策」として利用者負担のさらなる引き下げや事業者に対する激変緩和措置を行い、2008年７月には負担軽減額や対象範囲をさらに拡大した「緊急措置」を実施した。

　これらを踏まえ、2008年12月には自立支援法の「施行後３年の見直し」について、社会保障審議会障害者部会の報告書がまとまった。①利用者負担を原則応能負担にする　②発達障害者を対象に含み、障害程度区分を抜本的見直す　③自立支援協議会を法律上に位置づけ、サービス利用計画の活用等相談支援を充実する　④障害児支援を強化する　⑤地域における自立した生活のための支援を充実する、を主な改正点とした「障害者自立支援法等の一部を改正する法律案」が、2009年３月末に第171回通常国会に提出された。

3－2　多職種連携とネットワーキング

　自立支援制度において、特に多職種連携・ネットワーキングが重視される場面として、障害程度区分認定のための市町村審査会（以下、審査会とする）、サービス担当者会議（以下、担当者会議とする）、地域自立支援協議会があげられる。

　審査会の業務は、①介護給付に係る障害程度区分に関する審査および判定

をすること ②市町村の支給要否決定に意見を述べることとされ、委員は、障害者の実情に通じた者のうちから、学識経験を有する者であって、中立かつ公正な立場で審査が行うことができる者を市町村長が任命する。審査会は、委員のうちから委員長が指名するものをもって構成される合議体により審査判定業務を行う。委員長および各委員、市町村の連携が不可欠で、審査会の目的を周知するとともに、各委員の専門性を活用し、委員間の意見調整を行い、合意形成することが求められる。

　サービス利用にあたっては、市町村または相談支援事業者が利用者の希望に応じて作成するサービス利用計画（案）に基づき、サービス提供事業所の選定や連絡調整を行うための担当者会議を開催することになる。相談支援専門員がコーディネート役を務め、利用者のニーズやサービス管理責任者の専門性、機関の特色が反映されるように、事前の資料配布や進行打ち合わせ、当日の発言を促す雰囲気づくりなどが求められる。利用者を取り巻く、医療保健福祉を中心とした多様な領域の専門職が、チームとして継続的に利用者を支援する体制を整えることが望まれる。担当者会議は、利用者の地域生活にまつわるニーズと多様な地域資源の間に立って、複数のサービスを適切に結びつけ、さらには社会資源の改善および開発を推進する援助方法としての障害者ケアマネジメントに基づく計画作成段階の協議や情報の共有化にとどまらず、モニタリングの機能もになうことになる。

　障害者の地域生活実現のためには、個別支援会議や担当者会議を通して得られた障害者の多様なニーズに応じた、社会資源の調整および開発をになう相談支援事業の充実とその体制の構築が必要である。「地域における障害福祉に関する関係者による連携及び支援の体制に関する協議を行うための会議（自立支援法施行規則65条）」として、地域自立支援協議会が位置づけられている。協議会には情報・調整・開発・教育・権利擁護・評価の6機能があり、定例会や専門部会などを設置し、その議論から得られた地域全体の課題に関して、全体会で政策提言などを行っていく重層的な仕組みとなっている。会議全体を見渡しつつ、各々の会議を有機的につなげる役割として、市町村や

相談支援事業者がになう事務局会議が運営の鍵を握っている。

3-3　障害者の地域生活支援

　自立支援法は、障害者が従来の24時間ケア型入所施設や病院での生活から、地域での生活への移行を実現することを目的としており、国の指針に基づいて各都道府県や市町村が「障害福祉計画」を作成し、地域生活移行に向けた具体的取り組みを行うことになっている。

　障害者の地域生活を実現するためには、居住の場（夜間の生活）と日中活動（就労も含む）、そして余暇（豊かな人間関係も含む）が充足される必要がある。支援にあたっては、複数のニーズに対応するために、インフォーマルサービスも含めた複数のサービスをコーディネートし、安定かつ継続的に提供していかなければならない。この意味で、自立支援法の地域生活支援事業に位置づけられた「相談支援事業」は非常に重要な役割をになうことになる。
　　　　　　　　　　　　　　　　　　　　　　　　　　　　（沖倉智美）

4．精神保健と精神障害者福祉

　精神障害者福祉施策は、障害者施策の中でもっとも遅れて整備されてきた。わが国の精神障害者への処遇は、長い歴史の中で隔離収容の時代が長く、私宅監置を禁止して医療を受ける対象となったのも、1950年の精神衛生法からであった。精神障害者が法的に社会福祉の対象となったのは、1993年の障害者基本法である。それを受け1995年に精神保健法から精神障害者の「自立と社会参加促進のための援助」を目的に加え、精神保健及び精神障害者福祉に関する法律（以下　精神保健福祉法）へと改正された。そこで、初めて精神障害者の福祉施策が法的に位置づけられた。さらに、1999年に精神保健福祉法は改正され、「精神障害者の人権に配慮した医療の確保」および「保健福祉の充実」などをめざす内容がもりこまれた。

ここでは、精神保健福祉の対象、それに関連する福祉および医療制度を概観し、精神保健福祉施策の動向を踏まえた地域生活支援の現状と課題を整理しておきたい。

4－1　精神保健福祉の対象と精神障害の概念

精神障害者の概念は、大きく分類すると、精神保健福祉法に基づく定義と障害者基本法に基づく定義とに分けられる。精神保健福祉法では、医学的な障害概念で、精神障害者の概念を「統合失調症、精神作用物質による急性中毒又はその依存症、知的障害、精神病質その他の精神疾患を有する者をいう」とされている。一方、障害者基本法では生活能力に着目した「精神障害（精神疾患）があるため長期にわたり日常生活又は社会生活に相当な制限を受ける者」という概念がある。

また、精神保健福祉の対象者は、広範囲におよび精神保健の対象者は予防の対象として国民全体となる。精神疾患を持つ者は、治療の対象であり精神障害者の医療の対象者となり、障害者基本法に基づく概念が、精神障害者福祉の対象となる（図4参照）。

さらに、谷中輝雄は福祉の立場から精神障害者を「疾病と障害を併せ持つゆえの生活のしづらさをもち、ごくあたりまえな生活をしようと希望し努力する生活者である」として「生活のしづらさ」に着目している。

4－2　精神障害者の現状

わが国の精神障害者は、在宅で生活している精神障害者は88.6％、268万人で、施設入所者の大半は精神科病院および精神障害者社会復帰施設に入院か入所している者である。特に精神科病院に入院している精神障害者は約32万人であり、民間病院への依存度が強い。しかも、社会的入院者は、そのうち約7万2千人にもなり、地域生活移行支援は国の近々の課題である。現在

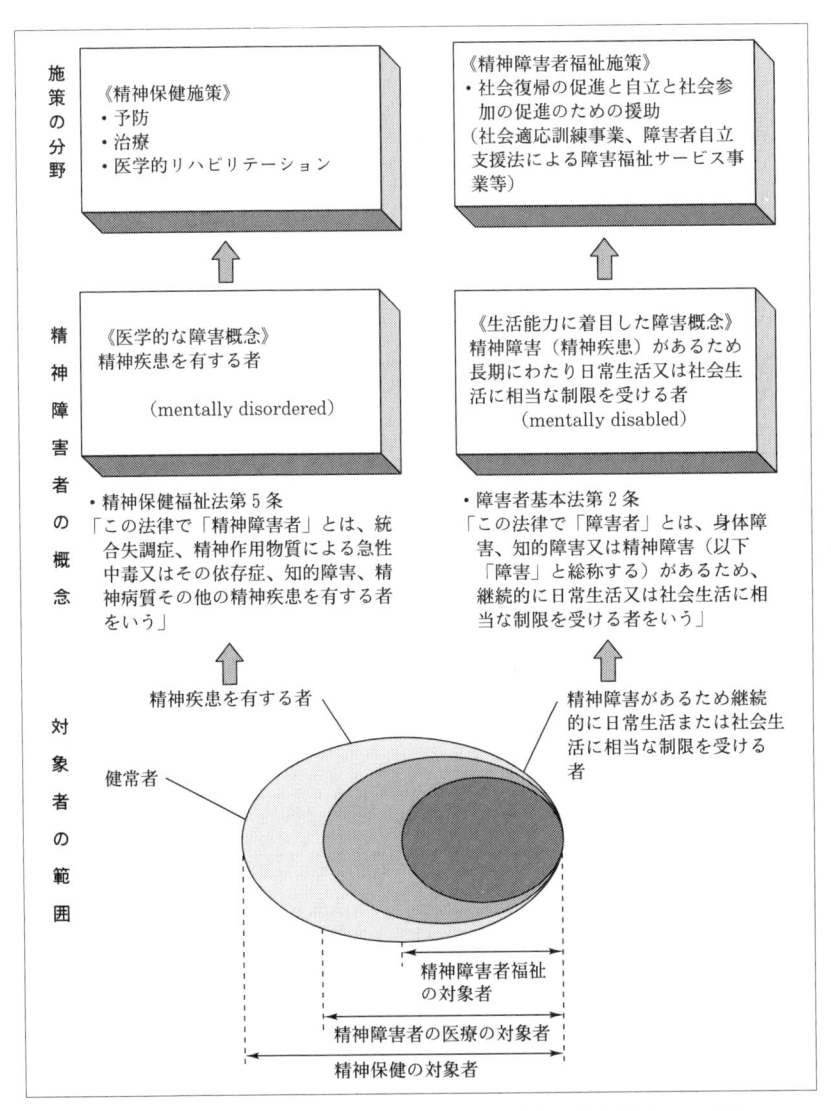

第10章 障害者福祉制度と地域　179

施策の分野

《精神保健施策》
・予防
・治療
・医学的リハビリテーション

《精神障害者福祉施策》
・社会復帰の促進と自立と社会参加の促進のための援助
（社会適応訓練事業、障害者自立支援法による障害福祉サービス事業等）

精神障害者の概念

《医学的な障害概念》
精神疾患を有する者

（mentally disordered）

・精神保健福祉法第5条
「この法律で「精神障害者」とは、統合失調症、精神作用物質による急性中毒又はその依存症、知的障害、精神病質その他の精神疾患を有する者をいう」

《生活能力に着目した障害概念》
精神障害（精神疾患）があるため長期にわたり日常生活又は社会生活に相当な制限を受ける者

（mentally disabled）

・障害者基本法第2条
「この法律で「障害者」とは、身体障害、知的障害又は精神障害（以下「障害」と総称する）があるため、継続的に日常生活又は社会生活に相当な制限を受ける者をいう」

対象者の範囲

精神疾患を有する者

健常者

精神障害があるため継続的に日常生活または社会生活に相当な制限を受ける者

精神障害者福祉の対象者

精神障害者の医療の対象者

精神保健の対象者

図4　精神障害者の二つの概念と精神保健と精神障害者福祉との関係
出典：精神保健福祉研究会監修『三訂精神保健福祉法詳解』中央法規出版、p.74、2007年

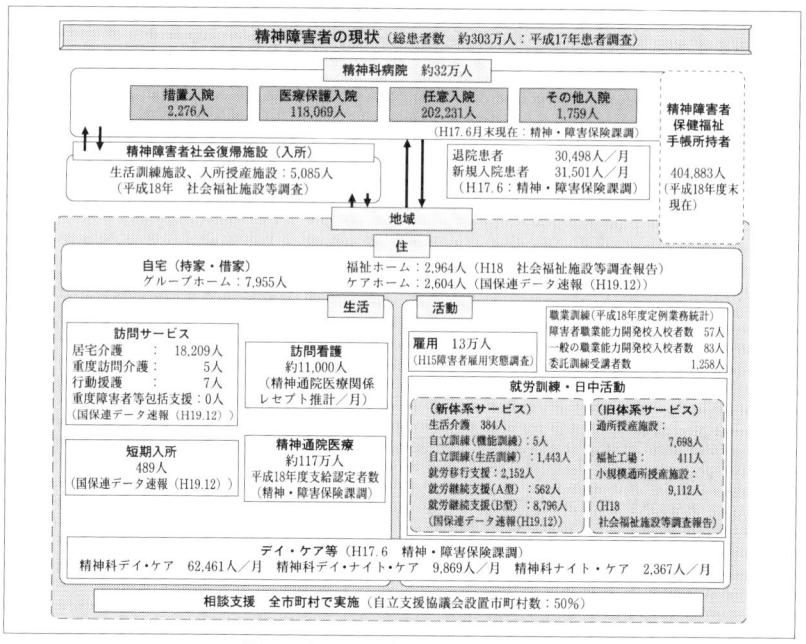

```
┌─────────────────────────────────────────────────────────────────────┐
│           精神障害者の現状 （総患者数 約303万人：平成17年患者調査）          │
│  ┌─────────────────────────────────────────────┐ ┌──────────┐  │
│  │         精神科病院  約32万人                    │ │ 精神障害者 │  │
│  │ ┌──────┬──────┬──────┬──────┐         │ │ 保健福祉  │  │
│  │ │措置入院│医療  │任意入院│その他 │         │ │ 手帳所持者│  │
│  │ │2,276人│保護入院│202,231人│入院  │         │ │          │  │
│  │ │      │118,069人│        │1,759人│         │ │          │  │
│  │ └──────┴──────┴──────┴──────┘         │ │          │  │
│  │          (H17.6月末現在：精神・障害保険課調)      │ │404,883人 │  │
│  │ ┌──────────────┐  退院患者 30,498人／月   │ │(平成18年末│  │
│  │ │精神障害者社会復帰施設(入所)│ 新規入院患者31,501人／月  │ │ 現在)    │  │
│  │ │生活訓練施設、入所授産施設│  (H17.6：精神・障害保険課調) │ │          │  │
│  │ │       ：5,085人       │                          │ │          │  │
│  │ │ (平成18年 社会福祉施設等調査)│                    │ │          │  │
│  │ └──────────────┘                          │ └──────────┘  │
│                         地域                                      │
│  ┌─────────────────────────────────────────────────────┐ │
│  │                      住                                       │ │
│  │  自宅(持家・借家)      福祉ホーム：2,964人 (H18 社会福祉施設等調査報告)│ │
│  │  グループホーム：7,955人 ケアホーム：2,604人(国保連データ速報(H19.12))│ │
│  │ ┌──────────────┐ ┌──────────────────┐ │ │
│  │ │         生活         │ │         活動               │ │ │
│  │ │ 訪問サービス          │ │ 雇用 13万人                 │ │ │
│  │ │ 居宅介護：18,209人    │ │(H15障害者雇用実態調査)        │ │ │
│  │ │ 重度訪問介護：5人     │ │ 職業訓練(平成18年度定例業務統計)│ │ │
│  │ │ 行動援護：7人         │ │ 障害者職業能力開発校入校者数 57人│ │ │
│  │ │ 重度障害者等包括支援：0人│ │一般の職業能力開発校入校者数 83人│ │ │
│  │ │(国保連データ速報(H19.12))│ │委託訓練受講者数      1,258人│ │ │
│  │ │ 訪問看護             │ │    就労訓練・日中活動         │ │ │
│  │ │ 約11,000人           │ │ ┌新体系サービス┐┌旧体系サービス┐│ │ │
│  │ │(精神通院医療関係      │ │ │生活介護 384人││通所授産施設  ││ │ │
│  │ │ レセプト推計／月)     │ │ │自立訓練(機能訓練):5人│  7,698人││ │ │
│  │ │ 短期入所             │ │ │自立訓練(生活訓練):1,443人│福祉工場││ │ │
│  │ │ 489人                │ │ │就労移行支援:2,152人│   411人  ││ │ │
│  │ │(国保連データ速報(H19.12))│ │就労継続支援(A型):562人│小規模通所授産施設││ │ │
│  │ │ 精神通院医療          │ │ │就労継続支援(B型):8,796人│9,112人││ │ │
│  │ │ 約117万人             │ │ │(国保連データ速報(H19.12))│(H18  ││ │ │
│  │ │平成18年度支給認定者数  │ │ │              │社会福祉施設等調査報告)││ │ │
│  │ │(精神・障害保険課調)    │ │ └──────┘└──────────┘│ │ │
│  │ └──────────────┘ └──────────────────┘ │ │
│  │         デイ・ケア等 (H17.6 精神・障害保険課調)                  │ │
│  │ 精神科デイ・ケア 62,461人／月 精神科デイ・ナイト・ケア 9,869人／月  │ │
│  │                        精神科ナイト・ケア 2,367人／月          │ │
│  │  相談支援  全市町村で実施(自立支援協議会設置市町村数：50％)         │ │
│  └─────────────────────────────────────────────────────┘ │
└─────────────────────────────────────────────────────────────────────┘
```

図5　わが国の精神障害者の現状

出典：日本精神保健福祉士養成校協会編、『精神保健福祉論』中央法規出版、p.146、2009年

では、精神障害者の精神科病院から地域生活へと移行する試みは全国的に始まっているものの入院者の数の減少はわずかであって、依然入院者の数は他の先進国と比べても多くの入院者を抱えたままである（図5参照）。

4－3　精神保健福祉施策と障害者自立支援法

　わが国の精神保健福祉施策は、厚生労働省が行政をになっており、精神・障害保健課と障害福祉課の2つによって所管されている。精神・障害保健課が所管している業務は、精神医療の充実、精神障害者の人権擁護、国民の精神的健康などの精神保健福祉法に基づく業務と精神保健福祉士の養成など精神保健福祉士法に基づく業務である。一方、障害福祉課は障害者自立支援法

に基づく障害者の福祉に関する業務を所管している。つまり、わが国の精神保健福祉施策は精神保健福祉法と障害者自立支援法の2本の柱で展開されている。

精神保健福祉施策の改革は、2002年12月社会保障審議会において「今後の精神保健医療福祉施策について」報告を出し、「入院医療主体から地域における保健・医療・福祉を中心としたあり方へ転換する」と宣言された。その報告を受けて、同年12月に「障害者基本計画及び、重点施策実施5カ年計画」（新障害者プラン）が策定された。そこには、「精神障害者施策の総合的な取り組み」と社会的入院者を解消するための必要なサービスの整備への数値目標が定められた。しかし、「新障害者プラン」が開始された年に進捗にストップをかける社会復帰施設の8割が不採択され整備が認められないという不測の事態が起きた。その背景には当時の小泉内閣における三位一体改革による財源の大幅なカットが影を落としたことにある。

そのような中、2003年に「精神保健福祉の改革に向けた今後の対策の方向」の中間報告が出され、「普及啓発」「精神医療改革」「地域生活の支援」「受け入れ条件が整えば退院可能な7万2千人の対策」の4つを重点施策として示した。それらの改革を含め、「精神科病床等に関する検討会」「精神障害者の地域生活支援の在り方に関する検討会」「心の健康問題の正しい理解のための普及啓発検討会」の3委員会の検討を経て、2004年9月に「精神保健医療福祉の改革ビジョン」が発表された。「改革ビジョン」は目標年次を定めて、7万人の退院促進、精神障害者にかかる国民の理解度に対する数値目標を定めた。同年10月には「今後の障害保健福祉施策について（改革のグランドデザイン案）」が出された。

しかし、障害者施策の財源の課題は避けられず、精神障害者の福祉施策は、2005年11月に公布された障害者自立支援法の制度に移行していった。

障害者自立支援法において、精神障害者社会復帰施設である生活訓練施設、授産施設、福祉ホーム、福祉工場、地域生活支援センターは、新事業体系に施行後5年間のうちに移行し、これらのうち2006年10月から地域生活支援セ

ンターと福祉ホーム（A型）は移行している。これら以外は、経過措置として2012年3月末までに移行することになっている。これらの新たな障害福祉サービスは、「住まいの場」と「日中活動の場」に分けられ、1つの事業団体が複数の事業を運営することと、障害種別を超えた利用が可能となっている。そのようななか、精神障害者ケアマネジメントの機能をになう「障害者相談支援事業」が置かれ、「個別支援計画」を利用者のニーズに沿ってケアマネジメント従事者（ケアマネジャー）が作成する。

　障害者自立支援法は、早急に改革が求められたため、施行後さまざまな障害者の暮らしに歪みをもたらしてしまった。それを緩和するために、「障害者自立支援法円滑施行特別対策」として2006～2008年の3年間で国費1,200億円を計上した。内容は、①利用者負担の軽減　②事業者に対する激変緩和措置　③移行等のための緊急的な経過措置が対策の対象である。

　施行後、3年後に向けて2008年に社会保障審議会障害者部会において検討され、同年12月には報告書がまとめられた。最終的な改正案として、2009年4月に国会に提出された。その主な内容は、①利用者負担の見直し　②障害者の範囲および障害程度区分の見直し　③相談支援の充実　④障害児支援の強化　⑤地域における自立した生活のための支援の充実である。加えて、精神保健福祉施策の見直しの必要性があげられ、精神科救急医療体制、市町村、保健所、精神保健福祉センターの相談支援体制の充実、精神保健福祉士の養成のあり方の検討が出されている。

4－4　精神保健福祉関連法

　①心身喪失等の状態で重大な他害行為を行った者の医療及び観察等に関する法律（医療観察法）
　　重大な他害行為（殺人、窃盗、放火）を行った心身喪失者に対して、

犯罪の原因となった病状を改善するとともに、同様の犯罪をおこさない様に適切で継続的な医療を提供し社会復帰を目的とするものである。

②自殺対策基本法

年間の自殺者が3万人を超えることから、2006年に自殺対策基本法が制定された。具体的な対応については、「自殺総合対策大綱の概要」が出され、精神保健福祉施策として検討されるようになった。2007年に「自殺総合対策大綱」を策定し、各自治体で地域事情を踏まえた自殺対策の取り組みが実施されるようになった。

③障害者の雇用の促進等に関する法律（障害者雇用促進法）

障害者雇用促進法は、働く障害者やこれから働く希望をもつ障害者の就業機会拡大を目的に創設され、2005年に改正され、精神障害者の雇用施策が強化された。精神障害者が雇用率の算定対象になったことと、新規雇用から復職そして雇用継続の総合的に支援する「精神障害者総合雇用支援」を地域障害者職業センターで実施するようになった。さらに、雇用継続を支援する「ジョブコーチ助成金制度」や就職支援につながる「グループ就労訓練助成金制度」が創設された。これらのねらいは、障害者自立支援法により、授産施設や福祉工場、作業所を再編し福祉的就労から一般雇用への移行へと推進する改革を進められていることと、障害者雇用も障害保健福祉施策との連携を図ることで、障害者の就職支援の充実を図ろうとするものである。

4－5　精神障害者の地域生活支援の課題

2004年の「精神保健福祉の改革ビジョン」において、「入院医療中心から地域生活中心へ」と提示され、約7万2千人の社会的入院者（受け入れ条件

が整えば退院可能な者）の退院促進と地域生活支援体制の構築が重点課題として示された。それを受け、既に大阪府で2000年から、社会的入院は人権侵害であるとの考えのもと「社会的入院解消研究事業」として実績をあげていた事業に準じて、2003年からは国の事業として「精神障害者退院促進支援事業」が創設された。2006年からは、障害者自立支援法による地域生活支援事業に位置づけられ、全国的に実施されるようになった。

　しかし、精神科病院からの退院促進は効果があがってきたものの、退院した後の地域生活の定着を支援する体制整備が弱いことが大きな課題となっていた。そこで、2008年度から「精神障害者地域生活移行支援特別対策事業」を創設し、地域移行推進員（自立支援員）に加えて、地域体制整備コーディネーターを配置して、総合的に支援する体制整備を強化しようとした。

　この事業の自立支援員の役割を大阪府や北海道などで、精神障害をもつ当事者がピアサポーターとしてになってきたことが特徴としてある。ピアサポーターになうことで、ピアサポートの有効性が示され、「ピアサポートなどの活用」として明記されている。これは、専門職がピアサポーターとのパートナーシップの構築が求められている時代を迎えていることを認識しなければならないであろう。

（坂本智代枝）

参考文献
* 内閣府『平成21年版　障害者白書』2009年
* 小澤　温『よくわかる障害者福祉（第4版）』ミネルヴァ書房、2008年
* 坂本洋一『図説　よくわかる障害者自立支援法（第2版）』中央法規出版、2008年
* 社会福祉の動向編集委員会『社会福祉の動向2009』中央法規出版、2008年
* 東京都社会福祉協議会『障害者自立支援法とは…制度を理解するために（改訂6版）』2009年
* 精神保健福祉白書編集委員会編『精神保健福祉白書　2009年版』中央法規出版、2008年
* 日本精神保健福祉士養成校協会編『精神保健福祉論』中央法規出版、2009年

第 11 章
リハビリテーションの新展開

Key words：
精神障害リハビリテーション、医学モデル、
地域モデル、近傍でのケア、Best Practice

　リハビリテーションの使命は、障害を負った人が社会の一員として、役割を復活していくこと、あるいは、ハンディキャップが残ったにせよ、新しい役割を獲得して社会に参加することを促進していくことである。しかも、それは病院という「施設」ではなく生活の場としての「地域」で行われていく潮流にある。特に、精神に障害をもった人々は疾病を治すことを優先する医学モデルのもとに施設化されることが多く、長く地域で暮らすことの困難を抱えてきた。本論では、ようやく日本にも取り入れられつつある精神障害リハビリテーションの新しいスキームを紹介し、リハビリテーションが「近傍でのケア」として十分に機能するための地域モデルの視点を提供する。

1．リハビリテーションとは

　人は病み、障害を負う。その回復のプロセスは短い場合も、長い場合もあるが、問題は病み、障害を負うことによって身体的、社会的、心理的な機能が低下してしまうことである。その機能の回復を受け持つ仕事がリハビリテーションである。リハビリテーションは、多くの場合は誰かの支援を必要とする。それだけに、この仕事に携わる人は多い。身体的な機能の回復を支援する者は医師、看護師、理学療法士、作業療法士、言語療法士などである。高齢者領域などでは介護関係者も一員となる。社会的な機能の支援には上記のスタッフももちろんであるが、社会福祉士や精神保健福祉士が必要となる。心理的な機能の回復には臨床心理士も重要な人材となる。もちろんリハビリテーションには家族、友人、ボランティアなどのような専門職でない人々の支えもきわめて重要である。

　医学的治療の使命は、究極において「救命」することである。障害が残るから治療をしないということはない。病を回復させ、病が残す不便をできるだけ少なくすることが医学的治療の目標となる。

　一方、リハビリテーションの使命は、その人が社会の一員として、役割を復活していくこと、あるいは、ハンディキャップが残ったにせよ、新しい役割を獲得して社会に参加していくことを促進していくことである。

　例を挙げてみよう。急性脳梗塞の患者の梗塞を一刻も早く手当てをし、再発がないようにケアしていくのが医学的治療である。しかし、医学的治療はおおむね、運動麻痺が残ること、失語によって言葉が不自由になることまでは防ぐことができない。麻痺と失語をもった人生は以前の人生とはまったく違ったものになる。この人生全体を医学的に治療していくことは難しい。障害後の生活の機能の組み立てと新しい人生の構築を手伝っていくのがリハビリテーションである。そのためリハビリテーションは「全人間的復権を目指すもの」ととらえられたり、「障害の相互受容と自己価値の再編のプロセス」ととらえられたりする。

2．精神障害リハビリテーションとは何をすることか？

　リハビリテーションを考える上で、たとえば、理学療法を必要とする身体のリハビリテーションはイメージを結びやすい。それに比べ、精神の障害へのリハビリテーションは概念把握が難しい。しかし、他の障害に比べ、さらに偏見を受けやすい精神に障害を持つ人にとっては社会に復帰し、参加していくことは極めて重要である。それだけに、リハビリテーションがどんな仕事を必要とするのかを理解するよい分野といえる。本章では精神障害リハビリテーションを中心にリハビリテーションの包括的理解とその世界的潮流を考えていく。

　統合失調症のような重篤な精神の疾患の特徴は、発病することによって後遺症ともいうべき障害が残ってくることである。しかし、疾病も存在することによって「疾病」と「障害」という二重の負担を負うことになる。そのイメージは図1の火山にたとえられる。マグマは疾病部分であり、噴火で山の瓦解したところが「障害」である。この人たちはマグマ部分には（つまり再噴火させないため）医学的治療を必要とし、瓦解した山の復興にはリハビリテーションを必要とする。医学的治療は機能的にダメージを受けたところを回復させることは難しいが、リハビリテーションはその機能を回復させる取り組みとなる。

　どの領域のリハビリテーションでも、一昔前は、「動かす」ことは障害を重くすることと考えられ、安静、保存という概念が重んじられた。しかし、そうすることが「廃用性萎縮」（使わないために筋肉が萎え、関節が固まってしまう）をもたらすことがわかってきてからは、障害の発生と同時にリハビリテーションを始めることが重視されている。かつては精神疾患を持った人は長く精神科病院に入院させられていた。それは精神障害の「疾患」の部分を治療することが優先され、障害の部分を考慮する視点に欠けていたからである（こういう視点を医学モデル〔Medical model〕と呼ぶ）。そのため、欧米においては1960年代まで、日本においては現在に至るまで精神障害者の

火山論

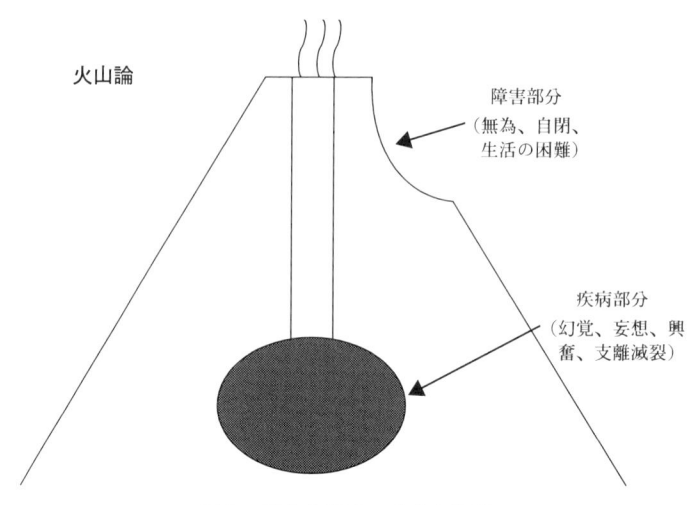

障害部分
（無為、自閉、生活の困難）

疾病部分
（幻覚、妄想、興奮、支離滅裂）

図1　統合失調症の疾病と障害

長期入院の時代が続いた。リハビリテーションは社会への復帰や参加というより、作業療法などによって病院内での機能の向上を図るものであった。長い入院は、一種の精神の「廃用性萎縮」（精神科では「施設病」と呼ぶ）を齎し、社会へ戻っていく力を奪っていくことがわかってきた。また、入院は大きな治療体系の一部分にすぎず、地域で暮らしていた精神に障害をもつ人を地域に戻すことは人道的にも、医療経済学的にも、理にかなったことという考えが浸透し始めた。先進諸国では1970年頃より、精神科医療は入院主体から地域主体へと変換し始めた。リハビリテーションの焦点はいかに長期在院者を脱施設化させるか、また、いかに地域で安定した生活を支援するかとなった（こういう視点を地域モデル〔Community model〕なしは社会モデル〔Social model〕と呼ぶ）。[1]

　入院期間をできるだけ短くし、地域で暮らす期間を長くするという発想はさまざまなリハビリテーションの考案、システムの構築、リハビリテーションの技術の向上を生んできた。いうなれば、精神保健の領域にも、障害の発生とともにリハビリテーションに取り組むという概念が浸透してきたといえ

る（その点においては日本はまだまだ立ち遅れている部分は多い）。今、世界がどのような精神障害リハビリテーションに向かっているか概観してみたい。

3．精神に障害を持つ人が地域で暮らすために必要なこと

　上記のような発想に立つと、精神障害リハビリテーションの概念はシンプルとなる。目標は、

> ①短期入院
> ②再発、再入院の防止
> ③地域生活での安定

である。
　これらの目標を設定するために精神保健計画は設定される。1つひとつの要素を検討してみよう。

①短期入院
　そもそも、病院の中で治療からリハビリテーションまですべてを行おうとしたことが長期在院をもたらした。病院の役割を病気初期の治療、ないしは、危機介入と規定し、病院でしていたことを地域へ移行すれば入院期間を短くすることはできる。その発想が、まず、半分は病院、半分は地域に足をおいているようなプログラム（部分入院とも呼ばれる）としてのデイプログラム（日本でデイケアと呼ぶ）である。このようなプログラムは病院から地域へゆっくりと帰還していくためのリハビリテーションの工夫となる。アメリカのように極端に平均入院日数が短くなっている国では、治療はほとんどデイプログラムで行われているが、日本にも病院付設のデイケアは地域への軟着陸という役目を果たしている。短期入院を促進するには早期に疾病を発見する（2次予防）、あるいは病気になることを防ぐ（1次予防）という社会の

システムができることが理想的である。残念ながら、精神障害の1次予防はまだ確立していないが、例えば精神障害を初期でみつけるという2次予防プログラムはオーストラリア、イギリス、カナダなどで稼動しており、日本にもその試みはある。

　短期入院を促進するには入院中の患者に退院できる力をつけることが最も重要である。それにはさまざまな取り組みが必要である。薬を理解し、服薬し続ける力（コンプライアンスと呼ぶ）をつけること。対人スキルが不足して、地域で暮らすことができない人々にはそのような生活技能を復活させていくプログラム（ソーシャル・スキルズ・トレーニング　SST）を試みること。家族の理解・支援が不足したり負の感情表出を強く持つ家族との関係を改善する心理教育を（敵意や批判などの負の感情表出が強い家族の下では再発が多いという研究がある）行うことなどである。仕事を見つけるスキルを鍛錬するジョブ・グループや簡単な料理レシピを覚える料理教室などもある。また、ソーシャルワーカーがどのような、経済的・社会的支援を受けられるか相談に応じることが必要である。総じて、入院を短くして、地域に出て行くためには、

> 1．病気と付き合う技術 (Coping skill) を身に着けること
> 2．生活の技術 (Life skill) を養うこと
> 3．生活基盤を確立 (Social support) すること

が、病棟で行われるべきである。

②再発、再入院の防止

　入院期間を短くしても、再発を招いて再入院になってしまえば意味がない。そこで再発、再入院防止のプログラムが必要となってくる。精神に障害を持つ人たちが再発する大きなきっかけは断薬である。イギリスでは地域精神科ナース (Community Psychiatric Nurse CPN) と呼ばれるナースが仕事などをしてクリニックを訪れることが難しい人たちを訪問看護しながら、デポ

剤の注射などをしている（1度注射すると1ヵ月ぐらい有効な長期作用型の注射）。経済的に困窮したり、仕事がない、住まいがみつからないなどのストレスも再発の原因となる。アメリカ、ロサンジェルスで活動するVillageというプログラムは、銀行を作って無利子でお金を貸したり、仕事の斡旋や、住まいの紹介をやっている。また、精神に障害を持つ人たちは心理的苦痛や社会的孤独感から薬物に手をだし、再発、再入院を繰り返すケースが多い。北米で広く行われている包括的地域支援プログラム（Assertive Community Treatment ACT）では、再発が頻繁で、非常に自立の難しい患者に対し、濃密な支援プログラムを提供し（たとえば、dual diagnosis programと呼ばれる薬物嗜癖から立ち直らせるプログラムなど）、地域生活を可能とさせる努力をしている。友達がいない、社会参加ができないという要素も再発の一因となる。ニューヨークのファウンテンハウスを始め、クラブハウスというモデルでは当事者自身が自助的に組織を作り、当事者の社交の場を提供したり、雇用の形態を工夫しながら障害者の社会参加を支援している（たとえば、すぐにフルタイムで働くのではなく、健常者とワークシェアしながら徐々に仕事に慣れていく、過渡的雇用というような形態を考えている）。地域で暮らす精神に障害を持つ人たちが医療や福祉を継続して受け続けられることも再発予防の大きなファクターである。カナダ、バンクーバーの精神保健システムは小さな地域ごとにメンタルヘルスチーム（MHT）という精神保健施設を置き、そこで医療・保健・福祉のサービスが包括的に受けられるようなシステムを考案している。MHTはクリニックのように医療臭がなく、ごく普通の民家を使って、通院の敷居を低くしたり、ソーシャルワーカーや心理士が前面に出てセラピストとなる形態を用いて当事者の医・職・住のニーズに応えるように工夫している。

③地域生活での安定

精神に障害を持つ人たちが地域で安定して暮らせる必要にして十分な要件は、

> 1）安心してくらせる家があること（屋根）
> 2）安心してくらせるだけの収入があること（金）
> 3）継続して治療が受けられること（医療）
> 4）心理的に孤立しないヒューマンサポートがあること（人の支え）

である。このどの要件が欠けてもリハビリテーションはうまくいかない。結果として再発、再入院が増え、入院期間も長くなってしまう。病院から、地域からのリハビリテーションはこれらの点を考慮して構築していかなければならない。この点をよく考慮して作られているカナダ、バンクーバーのシステムに少し触れ、日本の場合との比較をしたい。

バンクーバーでは地域に暮らす、精神に障害を持つ人たちのために人口50万余の町を8つのキャッチメント・エリアに分けそれぞれの地域にメンタルヘルス・チーム（MHT）を置いている。ここに通うことによって「無料」で医療が受けられ、またそこに常駐するセラピストによって、住まいのこと、経済的援助のことなどのソーシャルワークが受けられる。このシステムには、さらに住居の斡旋に応じるオフィス、居住施設、作業所、コーストファウンデーションと呼ばれる自助組織が付設している。また、孤独な障害者のために自殺の予防に努める組織や、夜間・休日帯を隈なくカバーする救急システム（Car 87と呼ばれるパトカーに私服警官と精神科ナースが乗って救急対応する）が備わっている。また、前述したように自立の難しい人たちに対する特別なサービス（ACTとかBridging programと呼ばれている）も提供されている。また、Car 87に見られるように地域の救急ケースは迅速に病院が受け取ってくれるような病院と地域の連携が円滑に働いている。これらのシステムは困難な精神障害を持つ人たちが地域で暮らす要件を過不足なく満たしているといえる。

一方、日本では精神に障害を持つ人たちが地域で安定して暮らせるにはどのような工夫が施されているのであろうか。最近ではケア・マネジメントというような概念でくくられるようなサービスを提供しようとしている。欧米

との文化的な大きな違いは、「住」に関しては障害者は「家族」と暮らすことが前提となっていることである。精神保健福祉法で規定された住居施設（援護寮や福祉ホーム）やグループホームはあるが、障害者が「家族から自立する」という視点は取り入れられておらず、まだその数は少ない。医療の継続には自立支援法の枠組みの中で医療費の配慮はなされているが、クリニック、病院でのケアは医療に偏していて、包括的に医・職・住のニーズに対応してくれる場がない。地域での安定には小さな地域資源（地域作業所、授産施設、生活支援センター）が対応しているが、圧倒的に国の予算の配置は乏しい。最も欠けているのが、病院（医療）と地域（福祉）の連携という視点であり、医療と福祉が統合されず精神に障害を持つ人のケアにあたっている。本当にリハビリテーションの対象となるべき人は未だ長期在院を続けている現状にある。（2002年度で、万対精神科ベッド数は28.0床、平均在院日数は363.7日、精神科入院者は33万500万人。これは先進諸国の中では図抜けて大きい数である）。

4．精神障害リハビリテーションに求められるもの

　精神障害リハビリテーションの概観を行った。今リハビリテーションの向かう方向は、「近傍でのケア (closer to home)」と「誰もが安定して地域で暮らせるサービスの提供」である。そのためには、どの国においてもいくつかの重要な要件が求められる。それをまとめると、

> ①地域ケアへの大きな予算の配置
> ②精神科病院を縮小し、その機能を「急性期治療」と「危機介入」とすること
> ③どの地域に住んでいるどの障害者も均質なサービスを受けられるシステムの構築（Best Practiceという考え方）
> ④病院と地域との連携（ケアの連続性、一貫性という考え方）

> ⑤自立の難しい人たちへの特別なケア（ACTであったり、薬物対策である）
> ⑥地域に当事者たちが安定して暮らせるような過不足のないサービスを置くこと。

ということになる。世界はこの方向に向かって日々新しい精神障害リハビリテーションを作り上げているといえる。また、この考え方はほかの障害のリハビリテーションの考え方とも通低するものである。

日本でも「障害者自立支援法」という法律の下でリハビリテーションが考えられつつある。しかし、重要なことは、その支援が上記したような条件を十分に満たしたものかどうかを考えていくことである。その意味ではいくつかの条件は全く満たされていない。人は病み、障害を負う。しかし、リハビリテーションは人間生活への「復活」への酸素である。酸素を供給する条件を整えることがリハビリテーションを可能にさせる必須の要件である。新しい時代の新しいリハビリテーションにはこの強い認識が必要であろう。

（野田文隆）

〔註〕
1) 今までの生物医学モデルから生物・心理・社会モデルへと大きな概念の変遷が起こったことはEngel Gが、また、医学モデル、社会モデルについては世界保健機関 (WHO) によるICF（国際生活機能分類）のなかで述べられている。

参考文献
* 上田敏『リハビリテーションを考える―障害者の全人間的復権―』青木書店、1983年
* 村田信男「『分裂病のリハビリテーション過程』について―自己価値の再編を中心に―」藤縄昭編『分裂病の精神病理10』東京大学出版会、1981年
* 野田文隆・蜂谷英彦編『誰にでもできる精神科リハビリテーション』 星和書店、1995年
* 辻哲也・里宇明元「廃用症候群」石神重信、石田暉、江藤文夫、宮野佐年編『最新リハビリテーション医学第2版』医歯薬出版、2005年

＊W. アンソニー、M. コーエン、M. ファルカス（高橋亨、浅井邦彦、高橋真美子訳）『精神科リハビリテーション』マイン、1993年
＊野田文隆「デイケアのいくつかのモデルとその適用」『精神科デイケア研究ふくおか』第18号、2000年
＊J. エドワーズ、P. D. マクゴーリ（水野雅文、村上雅昭監訳）『精神疾患早期介入の実際 早期精神病治療サービスガイド』金剛出版、2003年
＊野田文隆「精神障害者リハビリテーション『東京武蔵野病院精神科リハビリテーション・サービス』について」『総合リハビリテーション』19 (1), 1992年
＊J. K. ウィング、B. モリス編（高木高郎監訳）『精神科リハビリテーション イギリスの経験』岩崎学術出版、1989年
＊マーク・レーガン（前田ケイ監訳）『ビレッジから学ぶリカバリーへの道―精神の病から立ち直ることを支援する』金剛出版、2005年
＊久野恵理「米国におけるACTの歴史 実践普及における障壁と解決策（解説／特集）」『精神障害とリハビリテーション』9 (2)、2005年
＊ファウンテンハウス教育部（松原太郎訳）「明日のリハビリテーション・モデル」『ニューヨーク ファウンテンハウス』「精神保健シリーズ 3」『アメリカにおける精神障害者のコミュニティケア』日本精神衛生会、1990年
＊野田文隆「カナダのブリティッシュコロンビア州における精神保健システムとモニタリング」吉川武彦・竹島正編『精神保健福祉のモニタリング―変革期をとらえる』中央法規出版、2001年
＊大島巌編『ACT・ケアマネジメント・ホームヘルプサービス 精神障害者地域生活支援の新デザイン』精神看護出版、2004年
＊門屋充郎「居住支援」蜂矢英彦・岡上和雄監修『精神障害リハビリテーション学』金剛出版、2000年
＊坂巻熙「障害者自立支援法と障害者福祉のこれから（総説）」『淑徳大学大学院総合福祉研究科研究紀要』14号、2007年

第 12 章
教育・住宅・労働と就労政策

Key words：
教育基本法、スクールソーシャルワーカー、適切な住居、労働者福祉、フリーター・ニート、雇用・就労支援

　社会福祉を広義にとらえるために必要不可欠な教育や住宅ならびに労働と就労に関わる領域をとりあげた。人は誰でも教育を受ける権利があり、命や健康を守り労働の再生産を行える住宅に住む権利があり、働く権利がある。しかし、現代社会において、その権利が侵害されている現状があることへ理解を深めてほしい。そして専門職として実践するとき、教育・住宅・労働および就労の視点を踏まえたソーシャルワークができるよう願っている。

1．教育政策

　教育と福祉の関係は深い。障害児教育の歴史を遡ると、その始まりは明治・大正時代の福祉施設における教育であるし、今日でも児童相談所や家庭児童相談室には、学校で起きている不登校や引きこもり、いじめや非行の相談が日々寄せられている。格差社会が進み、貧困の問題が改めてクローズアップされている現代、学校の児童生徒にもこの貧困問題は影を落としている。また、増え続ける児童虐待に対する学校の取り組みも緊急の課題である。こういった問題に対応しようと、文部科学省は2008年度からスクールソーシャルワーカーを学校に置き、問題の解決に向けた取り組みを開始した。ここでは、このように福祉との係わりの深い教育政策の概要を理解するために、教育史や学校教育制度、教育行政組織の概要と、学校教育の現状とその課題について学ぶ。

1－1　歴史的背景

　日本における明治期以前の学校教育前史としては、江戸時代の幕府の公的な学校である「昌平坂学問所」や、各藩における藩校をあげることができる。江戸時代後半になると貨幣経済が浸透するとともに、このような社会変化に応じた人材育成が必要となったことから、こういった学問所や藩校が必要となったといえる。またこの頃には庶民の子どもを対象にした寺子屋も広がっていった。広く貨幣経済が浸透するにつれて、町民も「読み、書き、算盤」といった実学を身につける必要があったからである。幕末期になると、このほかに私塾も多く開設され新しい学問を民間に広く提供した。こういった幕末のさまざまな教育機関が基礎となり、明治時代以降の近代学校教育が整備されていったのである。

　明治時代になると新政府は西欧列強諸国に対抗するために、近代国家の樹立を急いだ。そのために「富国強兵、殖産興業」政策を強力に推し進めた。この富国強兵、殖産興業のためには、広く国民の学力を向上させることで人

材の養成を行おうと新政府は考え、公教育の実施を急いだ。明治維新から間もない1872年「学制」が公布され、日本における公教育制度の基礎が築かれた。その後、内閣制度が発足し、立憲君主制度の成立に向けた教育制度の改革が行われ、1886年いわゆる諸学校令（帝国大学令、中学校令、小学校令、師範学校令）が制定され、戦前の学校制度の基礎ができた。その後1890年教育勅語が発布され、天皇や国家に全てを捧げる臣民としての教育が徹底されることとなった。

　大正期は、「大正デモクラシー」とも呼ばれ、文化的にも自由で児童文学も多く開花する時期であるが、このような自由主義の思想に影響され、成城小学校や自由学園など、特徴ある私立学校がいくつも創設された。また明治期末から大正期にかけては、それまで教育の対象となっていなかった障害児教育が社会福祉施設を中心に試みられ始めている。1878年には初の盲児・聾唖児のための学校である「京都盲唖院」が設立され、また、1906年には滝乃川学園が創設され、日本初の知的障害児への教育が試みられた。1910年には千葉県勝浦に東京市養育院安房分院が開設され、日本初の虚弱・病弱児の教育施設ができた。さらに1921年には柏学園が設立され、日本初の肢体不自由児の教育が始まった。

　1929年に起きた世界恐慌は日本にも深刻な打撃を与え、政府や軍部は中国への侵略を開始した。戦争遂行のための国家総動員体制が進められるなか、学校教育にも軍国主義教育が導入され、天皇と国家のための皇国民教育が強力に推進された。こういった国家や天皇のための軍国主義教育は第二次大戦終結まで続いたのである。

　第二次大戦に敗戦した日本は、連合国軍による占領政策のもと、民主化政策が急速に進められ、基本的人権の尊重をうたった日本国憲法が樹立された。敗戦の混乱のなかではあったが、新憲法に規定された教育権の具現化として、1947年教育基本法と学校教育法が施行され、現在も続いている戦後6・3・3・4制の教育制度が実施されたのである。

1－2　学校教育制度の現状

　現在の学校教育制度は、日本国憲法と教育基本法に基づいて実施されている。まず憲法第26条に教育権が規定され、その憲法の規定にのっとり教育基本法では、教育の目的や目標、教育の機会均等などの教育の理念や、国民が保護する子どもに普通教育を受けさせる義務、国および地方公共団体が義務教育の機会を保障する義務を負うことなどの義務教育に関する規定や学校教育の実施主体、教育行政のあり方などについて規定がされている。

　この教育基本法を基礎として、幼稚園から大学・専門学校までの学校の目的や教育目標、教育課程や対象児童生徒や職員などについて定めているのが学校教育法である。さらに、学校教育法施行令、学校教育法施行規則などによって、教育課程や具体的基準および手続きが規定されている。このような学校教育に関する法律法令規則によって現在の教育制度が成り立っているのである。

1－3　教育行政と組織

　教育基本法では、教育行政について国と地方公共団体との適切な役割分担および相互協力の下、公正かつ適正に行うことが求められている。教育行政を司る国の機関としてはまず文部科学省があげられる。一方、地方公共団体における教育行政は、都道府県および市町村教育委員会がその主な役割をになっている。地方公共団体は、その地域における教育の振興を図るため、その実情に応じた教育に関する施策を策定し実施することが求められる。

　具体的な教育は学校において展開される訳だが、その学校は、国および地方公共団体もしくは法律に規定された学校法人のみが設置できると規定されており、その種類は、幼稚園、小学校、中学校、高等学校、中等教育学校、特別支援学校、大学および高等専門学校に大別される。なお中等教育学校は、前期中等教育学校（中学校）と後期中等教育学校（高等学校）の教育を一貫

して行う学校で、就業年限は6年であり、1998年の学校教育法の改正により新たに設けられた。また、特別支援学校は、障害児に対して幼稚園、小学校、中学校または高等学校に準ずる教育を施すとともに、障害による学習または生活上の困難を克服し自立を図るために、必要な知識技能を授けることを目的とする学校で、学校教育法の改正により2007年4月から、それまでの盲学校、聾学校、養護学校が特別支援学校に統合一本化された。また高等専門学校は、後期中等教育を含む5年間あるいは5年6カ月間を就業年数とする専門職業教育を行う学校で、工業または商船に関する学科を置いている学校であり、俗に「高専」と呼ばれている。

1－4　学校教育の現状

　小・中学校、高等学校の数と在籍児童生徒数であるが、小学校は2008年5月1日現在全国に22,476校ありそこに712万2千人の児童生徒が在籍している（前年度と比べて217校1万1千人減少）。また中学校は全国に10,915校ありそこに359万2千人の児童生徒が在籍している（前年度に比べ40校2万2千人減少）。小学生数は1982年から27年連続して減少し過去最低、中学生も過去最低となっている。高等学校は全国に5,242校336万6千人が在籍しており、前年度より4万人減少している。この一方で、中等教育学校の児童生徒数は1万8千人で、前年度より3千人増加している。また特別支援学校の幼児・児童・生徒数は11万2千人で前年度より4千人増加している。

　この児童生徒に対し、学校では文部科学省の定める学習指導要領にのっとった指導がされている。学習指導要領は学校教育法施行規則に定められており、各学校で実際に教える各教科の内容の詳細について定めている。現在の学習指導要領は、2002年度から実施されているいわゆる「ゆとり教育」を進めてきた学習指導要領であるが、2003年、OECD諸国との学力比較で日本の児童生徒の学力低下が問題となったことを契機にその見直しがされ、2008年2月には小・中学校の新学習指導要領案が示された。これによるとゆとり教育の

象徴的存在だった「総合的な学習の時間」が削減され、かわって「国語」「算数」「数学」「英語」といった主要な教科が10％〜12％増加されている。今まで30年間減り続けてきた学習時間は、これを機に増加に転じることとなった。新学習指導要領は、2009年度から順次前倒しで実施されていく見通しである。

障害児教育については、2006年の学校教育法改正により、従来の盲、ろう、知的障害、肢体不自由、病弱、情緒障害、言語障害に加え、知的障害のないLDやADHD、高機能自閉症などの発達障害も含め、特別な支援を必要とする児童生徒を対象に、2007年4月1日より「特別支援教育」が実施された。これによって、今まで盲学校、聾学校、養護学校と区分されていた特殊教育諸学校が、「特別支援学校」に一本化されるとともに、小・中学校などの特殊学級は「特別支援学級」と名称を変更するとともに、通常学級に在籍する発達障害などのある特別な支援を必要とする児童生徒の通級指導の機能もあわせ持つこととなった。

1-5　学校教育の課題

児童相談所や、福祉事務所に設置された家庭児童相談室には、学校教育現場で起きたさまざまな問題や悩みが持ち込まれてくる。不登校・引きこもり相談、非行相談、いじめ相談などがその例である。近年では増加する児童虐待に対する早期発見と予防や見守りの場として、小中学校の協力は欠かせない。まず不登校の現状だが、文部科学省の調査によれば2007年度の長期欠席者のうち不登校を理由とする児童生徒数は、小学校で2万4千人、中学校で10万5千人であり、小学校で前年度より101人（0.4％）増加、中学校で前年度比2千人（2.2％）増加している。また、2006年度の児童生徒による暴力行為（生徒間、対教師、器物破損を含む）は、小学校で2,176件、中学校で25,796件となっている。暴力行為も中学生になって急増し、学年が上がるにつれてその発生件数は高くなっている。また、いじめに関しては、2006年1

年間で発生したいじめの件数は、小学校で5,087件、中学校で12,794件である。学年別のいじめ発生件数は、中学校に上がると著しく増加し中学1年生が最も多く中学2年生3年生と学年が上がるに連れて減少している。これらの調査は学校の教師が文部科学省の定義に従って調査を行ったものであることに留意しておく必要があるが、その点を考慮してもその数の多さが理解できる。

　国連・子どもの権利委員会では、子どもの権利条約の条項に従い、批准国の条約の批准内容の進捗状況について、5年に1度（初回は批准から2年以内）提出される政府報告書を審議し、各国の条約内容の実現に向けた努力を評価し総合所見を採択し必要な措置を勧告しているが、日本の第2回目の報告書（2001年提出）に対する勧告（2004年）は、第1回目の22項目よりさらに増えて27項目にわたっている。その勧告の中でも教育に対しては多くのページ数を割き、日本の教育の過度に競争的な性格が子どもの心身発達に悪影響を与えていることや、いじめなどの学校での暴力についてのフォローアップが不十分であること、学校の問題に対する親と教師の協力がほとんどないこと、在日朝鮮人学校などの学校を卒業した学生は大学を受験することもできない場合があること、また少数民族の子どもが母国語で学ぶ機会がないことなど、厳しい指摘がされている。

　いじめに対しては、スクールカウンセラー制度が導入され、養護教諭による専門的支援も実施されているが、福祉と学校の地域における連携はいまだ十分ではない。文部科学省は2006年に報告された「学校等における児童虐待防止に向けた取り組みについて」を受け、2009年度から、スクールソーシャルワーカー活用事業の予算を計上し全国で開始することとなった。

　社会福祉の専門職であるスクールソーシャルワーカーが学校に位置づけられたことで、今後は学校と地域との連携や、社会資源の開発と活用、そしてスクールカウンセラーとスクールソーシャルワーカーが協働して児童生徒とその親に対する相談援助活動をさらに発展させるとともに、教師に対する支援とコンサルテーションにも力を発揮してゆくことが望まれる。（髙橋一弘）

2. 住宅政策

2-1 在宅福祉・地域福祉の推進を支える住居

　一番ヶ瀬康子は、「在宅といっても、その"宅"にあたるは、住宅保障が、わが国の場合には持ち家政策のもとできわめて微弱である」(一番ヶ瀬康子『一番ヶ瀬康子著作集　高齢社会と地域福祉』第4巻、労働旬報社、p.209、1994年)というように、住宅保障の充実が在宅福祉を進めていく上では重要である。

　さらに「居住福祉」という概念を提唱している早川和男は、「住居は人権であり、福祉の基礎である」「従来の『地域福祉』概念は、福祉を支える地域づくりを提起した点で画期的であったが、安全に安心して住むということは、地域福祉をふくめてより本質的・根源的であるように思われる」(早川和男『居住福祉』岩波新書、p.226、1997年)と記している。安全・安心な暮らしは、住まいが基礎となってはじめて地域福祉が成り立つ。そして、これらを取り巻く生活環境をふくめる居住は、私たち人間の健康な暮らしを保障するものである。

　つまり健康な生活を保障することは、社会福祉であるにも関わらず、わが国の社会保障制度のなかには、住宅保障という視点が位置づけられていない。そのことが、福祉先進国との大きな違いといえよう。

2-2　わが国の住宅政策の特徴

　戦後、わが国は住宅不足が深刻な問題となったため、住宅政策は住宅不足の解消を目指すことになり、戸数を増やす方針をとっていった。さらに、高度経済成長を支える勤労者の住宅を確保しなければならず、大量の住宅を供給する必要があったため、対象者を階層別に設定して住宅を供給した。まず低所得者層は公営住宅、中所得者層は公団住宅(賃貸・分譲)、比較的余裕

のある層は公庫融資で持ち家というようにであった。そういったことから特に、公営住宅は低所得者層対策であり、かつ母子世帯、障害者世帯などの「特定目的住宅」としての役割に重点がおかれていた。

また、地価の高騰は公営住宅・公団住宅の建設に遅れをとり、したがって政府は経済対策として持ち家政策を推進し、住宅は個人の「甲斐性」として「自助努力」で手に入れさせた。つまり住宅供給は基本的に民間企業に委ねられていくこととなり、住宅の質は価格に跳ね返る、あるいは質を問わなくても自助努力で取得するには「一生に一度の大きな買い物」になっていった。

このように、わが国における広義の社会福祉には住宅政策が位置づけられていないため、住宅政策の福祉的な役割は要保護者層を対象とした住宅供給に限定されてきているのであった。

さらに、1996年の公営住宅法の改正により、公営住宅の市場化の方針が出され、これまでの住宅政策が果たしてきた福祉的な役割はさらに弱められている。(表1、表2参照)

表1　公営住宅の整備戸数

年度	整備戸数
2002	22,868
2003	21,055
2004	21,278
2005	19,222
2006	18,091

資料：国土交通省調べ
出典：厚生統計協会編『国民の福祉の動向2007年』p.205

表2　特定目的公営住宅等の種類別整備実績見込戸数　（単位　戸）

	2005年度（実績見込）	2006年度（実績見込）
総　数	1,468	974
特別低家賃	－	－
母子世帯向	7	8
老人対策向	1,333	859
引揚者向	－	－
炭鉱離職者向	－	－
心身障害者向	128	107
地域改善向	－	－
農村漁村向	－	－
集落再編成向	－	－
公害対策向	－	－

資料：国土交通省調べ
出典：厚生統計協会編『国民の福祉の動向2007年』p.205

2-3　高齢社会の進行と高齢者住宅政策

　住宅は、個人の自助努力により取得するものとされ、公営住宅の供給が不十分なもとでは、それができない場合は、民間の賃貸住宅を選択することになる。しかし、賃貸住宅は家主が高齢者に対して貸したがらない傾向が強く、高齢期になると住宅を求めることが困難になるという問題を抱えていった。このような問題に対応するために、1970年代後半から大都市部の自治体では、老人アパート事業の取り組みを始めた。

　さらに、福祉先進国における高齢者住宅政策の影響を受けて、国は1986年にシルバーハウジングとして高齢者向け住宅施策を開始した。

　しかしわが国の高齢者向け住宅施策は、生活や健康という視点を欠いた一般住宅政策であったため、福祉先進諸国の高齢者向け住宅政策とは性格を異にするものとなった。

シルバーハウジング

　1987年度より厚生省（当時）と建設省（当時）が協力して実施されたプロジェクト。公的賃貸住宅として建設されるもので、原則として、単身高齢者、夫婦のみの高齢者、または、障害者と高齢者もしくは高齢者夫婦のみからなる世帯を入居対象者とし、一定のサービスを供給するため、住宅戸数概ね30戸に1人の生活援助員（ライフサポート・アドバイザー）が配置され、高齢者向けの設備・構造を有し、かつ、緊急通報システムが組み込まれた集合住宅である。

（『社会福祉辞典』大月書店、2002年より）

　福祉先進諸国の高齢者向け住宅政策は、住宅改善に対する援助、住宅手当給付、高齢者向け住宅の供給が位置づけられていた。そして、高齢者向け住宅の供給は、個別の住宅改善では解決できない場合の選択肢であった。つまり、長い間住み続けてきた自宅で、高齢になっても住み続けられるように考えられた高齢者向け住宅政策である。

> **コラム　デンマークの住宅政策**
>
> 　高齢者が住み慣れた自宅で自分らしい生活を継続するためには、「高齢者の状態に合わせて改善、改造されることは、継続性の保障という観点からも、自立への援助という観点からも重要」である。「デンマークの建築基準法では、建築物の高齢者対応の設計が義務づけられており、ある程度まで高齢者が一般住宅で住み続けることが可能となっている。」
>
> 　「車椅子の生活に対応した建築物の段差解消」、「天井に移動用のリフトを設置することなどの改造は、その必要性が認められた場合は、自治体の負担で行われる。これも自分の家でできるだけ長く（継続して）生活できるように」ということである。
>
> <small>第6章「官民一体で構築する高齢者福祉サービス」原慶子・大塩まゆみ編著『高齢者施設の未来を拓く』ミネルヴァ書房、2005年より</small>

2－4　個人住宅と社会福祉施設の居住性の関係

　わが国の住宅は「うさぎ小屋」と表現されていることからもわかるように、その特徴は「狭小過密」である。そのような現状は「狭い国土に人口が多いから」という理由だけではない側面がある。

　それは、わが国が個人の住宅に関するナショナルミニマムとしての居住基準を明確に示してこなかったことにある。その基準としては、日本国憲法第25条の「健康で文化的な最低限度の生活」が保障される住宅でなければいけない。その場合、諸外国から学ぶ点としては部屋の数や総面積だけでは不十分で、1居室あたりの最低面積、専用の台所・トイレ・浴室などの設置も明示されることが質を高めることにつながっていくといえる。

　わが国は、個人の住宅が狭小過密であるために、そのこととの関連において社会福祉施設の居住性は、個人の住宅よりも低く抑えられているのであった。

> **コラム**
>
> 　欧米諸国では、「寝室、リビングルーム、専用の台所（食事ができること）、便所、浴室、物置がある。各室には最低面積の基準がある。国によって少しずつ違うが、リビングルームはスウェーデン20平方メートル、旧西ドイツ18平方メートル、イギリス15平方メートル、アメリカ14.4平方メートル。主寝室はおおむね各国とも12平方メートル以上。いずれもうちのり内法面積である。イギリスでは5平方メートル（三畳）未満の部屋での居住は禁止、7平方メートル未満には子どもしか住めない」「日本では、一つの居室と共用の台所・便所・入口があれば住宅と認める。居室に最低面積の規定はない。3.3平方メートル（二畳）でも一室と数える。」
>
> 　　　　　　　　　　　　早川和男『居住福祉』岩波新書、pp.147-148、1997年

　たとえば、その1つは社会福祉施設の大部屋制である。特別養護老人ホームでは、4人部屋で自分のスペースはベッド1台とわずかな空間で、しかもカーテンで仕切られているのみである。2002年度以降の特別養護老人ホーム建設においては、個室でないと認められなくなったものの、個室に対する居住費が大部屋と比較して高いために経済的な問題で利用の「できる」「できない」を生み出しているのが現状である。本来ならば、所得に関係なく等しく個室が保障されることが重要である。

　児童養護施設でも、子どもの居室は個室にはなりにくい現状である。それは児童福祉施設最低基準にあっても、児童の居室一室の定員を15人以下としており、さらに1人あたりを3.3平方メートル（2畳）以上としていることからもわかる。幼児から高校生までの異なる年齢の子どもたちが生活をしているのだから、消灯時間の違いもあるし、学習に向かう時間数も異なる。さらに一般家庭では小学校の高学年あたりから個室を与えられるのが平均的になっているのに、児童養護施設の中学生や高校生は個室を確保できることはほとんど困難なのが現状である。

このようにみて見ると、社会福祉施設の居住性の質を高めるためには、国民一般の個人住宅における質の向上、つまりは居住の最低基準を高めていくことに他ならないことがわかる。

2－5　非正規労働者と住まい

今日、雇用者の3分の1が非正規雇用となっていて、しかも正規雇用者の労働時間とほとんど差がない長時間労働を強いられ、かつ低所得であるため生活をしていくうえで、不安定な状態に置かれている。

特に労働市場の規制緩和が進むことによって、若い年齢層の非正規雇用が増加しており、その層の貧困状態が明らかにされるとともに、住むところを確保できないためにネットカフェを居場所とする「ネットカフェ難民」を生み出している。

さらに経済不況が押し寄せると、非正規労働者が真っ先に解雇させられていく。こうした失業は住むところを失うきっかけとなり、深刻な社会問題となっている。家賃が払えない、住宅ローンの返済が滞る、社宅や会社の寮から追い出されるといったことにより、住まいを失ってしまう。失業者が住まいを失った場合、求職活動にも支障が生じ悪循環をさらに生み出すので、失業者に対して公的な賃貸支援を実施しているが、入居期限が半年、長くても1年であるため、長引く不況にあって失業者は安心して生活をするための住宅を確保することが困難になっている。

2－6　国連のホームレスでないことの基準について

「居住の権利宣言」（1996年6月15日「第二回国連人間居住会議」で採択）は、「適切な住居」の基準を7項目示し、「人が住むにふさわしい住居を確保しなければならない。国はそれを提供しなければならない」と国家の責務を明記した。

> 「適切な住居」の基準
>
> ①風雪から守られていること
> ②安全な飲料水や衛生施設があること
> ③強制的な立ち退きやプライバシーの侵害がないこと
> ④学校、医療施設などに容易に到達できること
> ⑤適正な通勤圏内に立地していること
> ⑥家族生活のための最小限の広さを確保していること
> ⑦負担しうる住居費負担であること

以上、7つの項目を保障できる住居を確保することがホームレスでないことである。ホームレスとは、路上生活をする者や家を持たない者という最悪の状態だけをとらえていうのではなく、そこまでに至らないようにするための基準があることが重要である。

この7つの基準から考えれば、日本は「適切な住居」を確保することが困難なことがよくわかる。そうしたことから、社会福祉政策と住宅政策が車の両輪となる必要が明らかである。

日本国民の「健康で文化的な最低限度の生活」を保障するために、社会福祉はあり、その社会福祉を支えるのはまさに住居である。「適切な住居」が保障されることにより、社会福祉制度が有効に機能するといえよう。

(宮崎牧子)

3. 労働政策

3-1 労働政策とは

1) 日本における労働者の現状

日本の労働統計では、15歳以上人口を労働力人口(就業している者と就職

活動をしている者の計）と、非労働力人口（就業しておらずかつ就業の意思のない者）に分けている。2008年の労働者人口は全人口の約60％である。さらに、労働力人口は、就業者と完全失業者に分けられる。完全失業者とは、①調査期間中に全く仕事をしなかった ②仕事があれば就労可能な状態である ③調査期間中に就職活動を行ったの3つの条件をすべて満たすものである。

表3は、2008年の完全失業者率[1]を年代別に表示したものである。この表から、現在の日本の特徴として、若年層の失業率の高さがあげられよう。

若年層の労働者の現状の厳しさを示すものとして、フリーターの存在もあげられる。フリーターは「15歳〜35歳未満で、在学中のものと女性では既婚者を除き、短期のアルバイト・パートに就業しているか、または就業を希望するものと定義されているが、その数は210万人程度」[3]とされる。フリーターは、仕事を全くしていないわけではないので完全失業者の定義には含まれないが、不安定な就労時間や賃金の低さを考慮すると、潜在的失業者とされる。[4] これら完全失業率やフリーターの問題を鑑みると、日本の労働者の現状として、若年層の問題が特徴としてあげられる。

2）国家政策としての労働問題

近代までは貧困は、恤救規則（1874年）にみられるように個人の責任と考えられることが多かった。しかし、ブース（C. Booth）の貧困調査などをきっかけとして、貧困の原因の1つとして雇用問題が指摘されて以降、労働問題は社会として対応すべき課題として取りあげられはじめ、現代では労働問題は政策のなかに位置づけられている。具体的には、日本では1966年以降、社会の変化に応じて

表3　年代別完全失業率　（2008年）(%)

全体	4.1
15〜24歳	7.9
25〜34歳	5.6
35〜44歳	3.4
45〜54歳	2.8
55〜64歳	3.6
65歳以上	2.1

総務省「労働力調査　平成20年8月分（基本集計）結果の概要」より作成
(http://www.stat.go.jp/data/roudou/sokuhou/tsuki/index.htm：平成20年10月21日参照)

雇用対策基本計画を5年から10年の間隔で国が定め、雇用に関する一定の指針を示している。また、先に指摘した近年の若年層の問題に対しては、改正雇用対策法 (2007年) のなかで、「青少年の応募機会の拡大など」を重点課題として取り上げるなどして、若年層の労働問題の改善を図っている。

3-2 社会福祉と労働問題

社会福祉と労働問題をとらえる視点として、大別して以下の3項目があげられる。

1) 就労困難時のセーフティーネット

金銭は生活を営む過程で経済行為を行う際に重要な資源であり、金銭は労働の対価として得ることが可能である。しかし、さまざまな理由によって労働が困難な場合に金銭の取得が困難になり、生活を営むことが困難となりうる可能性がある。その際のセーフティーネットとして、社会保険や公的扶助などの制度がある。

労働が困難な理由はさまざまであるが、その理由に応じてさまざまな対策がとられている。たとえば、心身に障害があるが故に働くことが困難な場合は障害年金によって金銭給付が行われる。一時的な傷病の場合には、社会保険では傷病手当金の制度がある。また、心身ともに健康で働く意志はあるが、諸々の事情により働けない場合には、雇用保険により金銭が給付される。さまざまな制度がどれも該当せず、最低生活に必要な金銭が取得不可能な場合には、最後のセーフティーネットとして、生活保護の制度がある。

2) 労働者福祉

国民の義務としてあげられるように人間の生活の一部に労働が位置づけられている。そのため、労働環境の向上も1つの重要な要素である。労働者福祉の目標として、国際労働機関 (International Labour Organization : ILO)

では、「生産的で公正な所得を確保しうる労働の機会、職場の安全、家族に対する社会的保護、個人の発展を保証する良好な展望、社会的統合、人々が自らの生活に影響を与える決定に参加する自由、およびすべての男女の機会と処遇の平等」[5]をあげている。

それらを具体的に実現するための施策として日本では、労働基本権（団結権、団体交渉権、団体行動権）、労働者災害補償保険法、育児・介護休業法、男女雇用機会均等法などを定めている。労働者福祉の実現にはこれら国の施策だけでなく、それを実現するための企業の協力も不可欠である。具体的には、育児休暇や介護休暇などは法律で取得することが可能にはなっていても、さまざまな理由により実際取得する労働者の割合が低くなっている現状を解決していくための協力などである。

3）福祉を支える雇用

核家族化や女性の労働市場への参加など流れのなかで、従来の家族機能の一部が社会サービスとして提供されるようになった。その代表的なものとして、介護や保育などのサービスがあげられる。同時に少子高齢化も日本では進んでおり、特に介護分野において今後福祉を支える雇用のニーズが高まることが予測される。

しかし、日本の介護職の待遇は、賃金の低さやパートタイマーなどの非正規雇用の形態が多いことなどに代表されるように、決して恵まれた条件とはいえない。そのため、離職率が高く、また、介護福祉士やヘルパーの有資格者が介護職に就いていない数も相当数いると推測されている。そのため、福祉を支える雇用確保を目的に、政府はEPA (Economic Partnership Agreement：経済連携協定)、おいて、外国人の介護職、看護職の受け入れを決めた。ただし、今後の福祉を支える雇用への必要性の高まりを考えると、国家資格として養成している介護職の評価をもっと高め、魅力ある職種にしていく必要があろう。

（新保祐光）

〔註〕
1）（完全失業者÷労働力人口）×100
2）18歳未満の就労に関しては、児童福祉法などによりさまざまな制限がある。
3）髙木郁朗「雇用・就業構造と失業」中村優一ほか監修『エンサイクロペディア社会福祉学』中央法規出版、p.61、2007年
4）前掲3）、p.61
5）髙木郁朗「福祉と雇用」中村優一ほか監修『エンサイクロペディア社会福祉学』中央法規出版、p.57、2007年

4．就労政策

4－1　働くことの意味と目的

　「働く」ということにはさまざまな意味がある。聖書に「人はパンのみにて生きるにあらず」という一節があるが、これは「人間には食べること以上に大切なことがあり、精神的な充足やより高い理想の実現のために生きるべきである」といった意味で使われている。私達人間は生活の糧を稼ぐために働く。しかし労働で得られるのは物質的なものだけではない。労働によって自己実現をしたり、人から必要とされることで満足感を得たり、生き甲斐を見出したりする。

　20歳以上を対象に経年で行われている「日本人の国民意識調査」によると、「もし、一生楽に生活できるだけのお金がたまったとしたら、あなたはずっと働きますか、それとも働くのをやめますか」という設問に対し、いずれの年度も「ずっと働く」と回答した人の割合が最も高い（図1）。徐々にこの割合が低くなっているのは、自由時間や仕事と生活の調和を求める人が増えているという考え方の変化が反映されていると思われるが、労働の目的が経済的な豊かさの追求だけではないということがこの結果にも現われている。

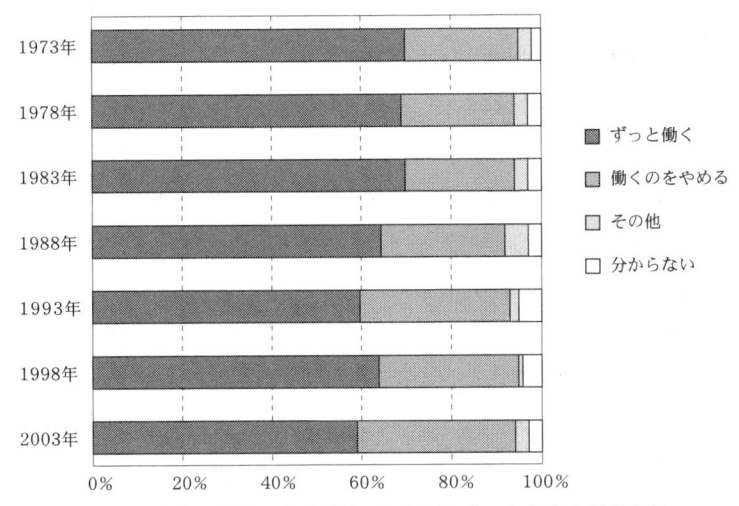

図1　一生楽に生活できるだけのお金がたまった場合の就労意識
出典：厚生労働省『平成18年版　厚生労働白書』、p.50
（注）大学共同利用機関法人情報システム研究機構統計数理研究所の実施調査。

4－2　就職困難者の問題

　このように労働は人が生きていく上で非常に重要な意味を持ち、日本国憲法第27条には「全て国民は勤労の権利を有し、義務を負う」と定められている。しかし失業率の高さや、高齢者、障がい者、母子世帯の母、ニート、フリーターなど就職困難者の問題がある。図2は年齢階級別に見た失業者（失業期間が1年以上）の割合を示しているが、中高年齢層は若年層に比べて長期失業者の割合が高く、一度失業すると再就職が難しい状況にある。

　また、若者全体の中で不安定な雇用や失業、無業の者、いわゆるフリーター・ニートが大幅に増加していることが近年社会問題となっている。15歳から34歳の年齢層のフリーターは1992年には101万人だったものが2005年には201万人と約2倍に、ニートは1993年の40万人から2005年には64万人に増加している（『平成18年版　厚生労働白書』p.79）。

　障がい者の雇用については、1976年の「身体障害者雇用促進法」の改正以

降、2005年の「障害者の雇用の促進等に関する法律」の改正に至るまで、障害者の法定雇用率を定め雇用主にその達成を求めるという対策がとられてきたことで徐々に増えてはいるが、2005年時点での実雇用率1.49%、雇用障害者数は約26万9千人にすぎない(『平成18年版　厚生労働白書』p.85)。

　母子世帯の母については、厚生労働省「平成15年度全国母子世帯等調査結果報告」によると83.0%が就業しているが、「臨時・パート」が49.0%と最も多く、次いで「常用雇用者」39.2%、「不就業」16.7%となっている。これを1998年度の調査と比べてみると「常用雇用者」の割合が11.5%低下し、「臨時・パート」が10.7%、「不就業」が3.1%増加している。

　このような状況は収入の低さにつながっており、後述するように被保護世帯の中で高齢者世帯、傷病・障がい者世帯の割合が高く、母子世帯の保護率も増加傾向にある。

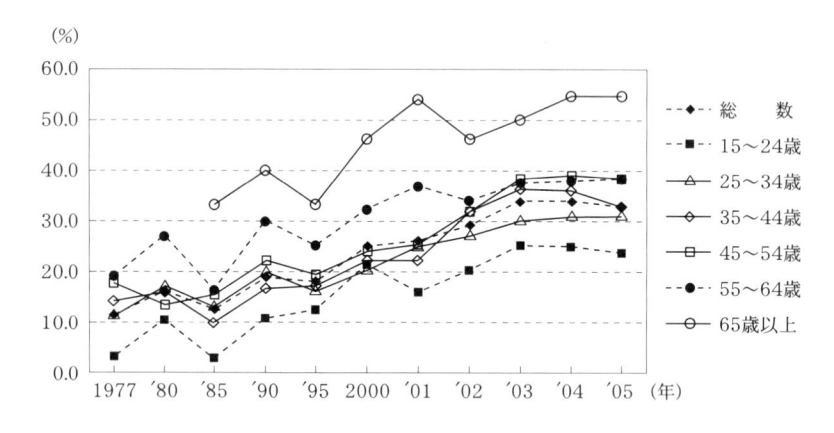

図2　年齢階級別に見た失業者の割合
出典：厚生労働省『平成18年版　厚生労働白書』、p.72

4－3　就労支援対策と専門職の役割

　このような就職困難者の問題は被保護者の増加にもつながっており、1995年度以降生活保護の保護率は急激に上昇し、2005年度の保護率は11.6％、被保護世帯は104万1,580世帯である。世帯類型別では高齢者世帯が43.4％、特に高齢単身世帯が増加している。次いで傷病・障がい者世帯37.4％、その他の世帯10.3％、母子世帯8.7％となっている。

　被保護世帯は高齢者、傷病・障がい者世帯、母子世帯以外の世帯でも増加しており、DV、虐待、多重債務、元ホームレスなど多様な問題を抱えている。また相談に乗ってくれる人がいないなど社会とのつながりが希薄だったり、稼働能力があっても就労経験が乏しく不安定な職業経験しかないことが就労への不安を生じさせ雇用の機会を狭めるなど、就労に当たっての1つの障害となっている。

　このような問題に対しては、従来のような雇用促進法の整備やハローワークを中心とした雇用促進対策だけでは限界があり、ライフステージを通じて一人ひとりにあった支援を行う必要がある。2007年2月に政府がとりまとめた「成長力底上げ戦略」（基本構想）の中では、セーフティネットを確保しつつ、可能な限り就労による自立・生活の向上を図るために『「福祉から雇用へ」推進5カ年計画』を策定し実施するとしている。この計画の中では「福祉（就労支援）及び雇用（受け入れ促進）の両面にわたる総合的な取組を進める」と、就労支援における福祉との連携の重要性が明記されている。

　現在就労支援で求められているのは就職困難者のニーズを把握し、ハローワークや就労先を含めた社会資源を結ぶコーディネーションをすること、助言、指導その他の援助を行いながら本人の能力や意欲を高めるということである。またニーズの多様化から、既存の社会資源の活用だけでなく新たな資源を作り上げる、社会福祉施策立案や計画作成を行うといったことも必要であろう。これらはいずれも社会福祉専門職が持つべき機能と役割であり、福祉事務所だけでなく、既存の障害者生活支援センター、地域包括支援センター

などで就労支援業務に就く社会福祉士を採用することや、一部の県が実施しているような、県社会福祉士会に被保護世帯の相談支援を委託するなど新たな試みの検討も必要であろう。

（長倉真寿美）

コラム　フリーター、ニート

　フリーターとは教育期間が終了しても正社員として就職せずに短期間のアルバイト・パートで収入を得ている若者のことで、フリー・アルバイターの略語が語源と言われている。1980年代後半のバブル期には売り手市場のもとでアルバイト・パートでも日々の生活には困らない程度の収入が稼げたこともあり、正社員になっても「自分の適性にあった仕事がしたい」「勤務時間など自分の都合に合った仕事がしたい」などの理由から離職する若者も増えた。バブル崩壊後は雇用における需要不足などによる求人の大幅な減少、パートの割合の上昇などから正社員の採用が抑制されたという需要側の問題に加え、将来の目標を立ててその達成のために行動するという力が不足している若者が増えたという供給側の問題もある。

　ニートとは、Not in Employment, Education or Trainingの頭文字NEETをとった造語である。教育期間が終了しても仕事も進学も職業訓練もしない若者を指す。厚生労働省の統計は、フリーターの定義の中に「非労働力人口のうち希望する仕事の形態が『アルバイト・パート』で家事も通学も就業内定もしていない『その他』の者」つまりニートが含まれている。

参考文献

- ＊文部科学省ホームページ「平成20年度　学校基本調査速報」
- ＊文部科学省ホームページ「平成17年度　児童生徒の問題行動等生徒指導上の諸問題に関する調査」
- ＊外務省ホームページ「児童の権利委員会の最終見解：日本2004年2月26日　CRC／C／15／Add.231（最終見解／コメント）」
- ＊文部科学省ホームページ「平成21年度　予算概算要求主要事項（案）」
- ＊江藤恭二編『新版子どもの教育の歴史』名古屋大学出版会、2008年
- ＊大田堯『なぜ学校に行くのか［新版］』岩波書店、1995年
- ＊茂木俊彦『障害児教育を考える』岩波新書、2007年
- ＊山下英三郎『スクールソーシャルワーク』学苑社、2003年
- ＊早川和男『居住福祉』岩波新書、1997年
- ＊『福祉のひろば』2001年11月号、総合社会福祉研究所
- ＊日本住宅会議編『若者たちに「住まい」を！』岩波書店、2008年
- ＊五十嵐仁『国際公共政策叢書11　労働政策』日本経済新聞社、2008年
- ＊中村優一ほか監修『エンサイクロペディア社会福祉学』中央法規出版、2007年
- ＊総務省「労働力調査　平成20年8月分（基本集計）結果の概要」（http://www.stat.go.jp/data/roudou/sokuhou/tsuki/index.htm）
- ＊高木郁朗『労働者福祉論』明石書店、2005年
- ＊岩田正美『現代の貧困―ワーキングプア／ホームレス／生活保護』ちくま新書、2007年
- ＊障害者雇用支援機構編『障害者雇用ガイドブック〈平成18年版〉』2006年
- ＊生活保護制度の在り方に関する専門委員会「生活保護制度の在り方に関する専門委員会報告書」2004年
- ＊中野麻美『労働ダンピング―雇用の多様化の果てに』岩波新書、2006年
- ＊日本社会福祉教育学校連盟・日本社会福祉士養成校協会合同検討委員会「社会福祉士が活躍できる職域の拡大に向けて」2006年
- ＊福祉、教育等との連携による障害者の就労支援の推進に関する研究会「福祉、教育等との連携による障害者の就労支援の推進に関する研究会報告書　－ネットワークの構築と就労支援の充実をめざして－」2007年
- ＊松為信雄・菊池恵美子編『職業リハビリテーション学―キャリア発達と社会参加に向けた就労支援体系』協同医書出版、2001年

第 13 章
世界の社会福祉

Key words：
人権、差別、社会的排除

> 21世紀の社会福祉は、「権利保障」という用語でまとめられている。かつては保護の対象であった、子どもや障害のある人や女性は、それぞれの人々が権利主体としてとらえられるようになった。本章では、子どもの権利に関する条約、障害のある人の権利に関する条約および女性差別撤廃条約を学び、世界の社会福祉が目指す「社会福祉のあり方」を理解する。

1．グローバリゼーションと社会福祉

　まず、なぜ世界の社会問題や社会福祉を学ぶかということを問うてみたい。いくつかの理由をあげる。現代の社会を特徴づける現象の1つは、グローバリゼーションである。世界の国々が単に相互に依存しているというだけではなく、世界がひとつのかたまりとなって動いていると理解すべきであろう。したがって、相互依存以上の関係にある世界各国を知り、たがいに協力する関係を形成する必要がある。したがって、世界の状況を学ばなければならない。

　そこで相互に協力するという内容を考えてみる。グローバリゼーションを詳細にみると、「ひと」と「もの」と「情報」が地球規模で動いていることを知ることができる。「ひと」の動きは移民であったり、難民であったり、海外への出稼ぎであったりする。これらの人の安全の確保（安全保障）と生活保障が現代の社会福祉に課された課題である。ここに人権とのかかわりが出てくる。「もの」の動きは生活必需物資の流通である。安全な食品をアジア全体で流通させることは、「ひと」の生活向上に必要不可欠な課題である。「情報」を交換することは、世界各国の社会福祉の発展に寄与することにつながる。たとえば、日本の民生委員制度や保護司制度や交番の制度が、アジア諸国に伝えられ、人々の生活の安定に貢献している。タイの村落部での保健ボランティアの原型は日本の民生委員にあるといわれている。日本とタイとの情報交換による日本の国際貢献の一例である。以上のような現状からして、私たちが世界の社会問題や社会福祉を学ぶことは非常に重要なことであり、ここに世界の社会福祉を学ぶ理由がある。

　社会福祉を地球規模でみようとするとき、何が「福祉」なのかを考えておく必要がある。この「何」というのは、「社会福祉の規範」である。本章では、子どもの権利に関する条約、障害を持つ人の権利に関する条約および女性差別撤廃条約を社会福祉の規範と考えて、これらを学ぶ。

2. 世界の社会福祉の規範

2－1 子ども（児童）の権利に関する条約
(Convention on the Rights of the Child)

1）子どもの権利に関する条約の歴史

　子どもの権利に関する条約は、1959年に採択された「子どもの権利に関する宣言」の30周年に合わせ、1989年11月20日に国連総会で採択された国際条約である。1990年9月2日に発効し、日本国内では1994年5月22日から効力が発生した。条文は、前文および54カ条からなり、子ども（18歳未満）の権利を包括的に定めている。

　条約は、子どもを「保護の対象」としてではなく、「権利の主体」としている点に特色がある。国際人権規約のA規約（社会権規約）およびB規約（自由権規約）で認められている諸権利を子どもについて広範に規定し、さらに意見表明権や遊び・余暇の権利など、この条約独自の条項を加え、子どもの人権尊重や権利の確保に向けた詳細で具体的な事項を規定している。

　この条約は、思想史的にいえば、フランス革命時の「人間と市民の権利宣言」（フランス人権宣言）の理念を、子どもにまで拡大適用したものであると評価されている。しかし、成人を原則として対象とした人権、特に表現の自由などの「市民的権利」を、そのまま子どもに適用することは可能なのか、という理論的問題点も指摘されている。これは、子どもの解放論と保護論として論争になる点である。子どもを「権利の主体」としてみることが、子どもの保護をおざなりにしてしまう危険性が指摘されている。結果、権利主体である子どもは、責任を追及される対象となるということである。昨今の各国の少年法改定のなかで、子どもを保護する対象よりも厳罰化の対象とする動きがみられるが、こういう動きなどは、権利の主体として子どもをみることと無関係ではないとされている。子どもの権利の中核となるのは、従来の基本的人権に加え、成長・発達権や学習権であり、「子どもは、いずれ大人

になる存在である」ことが前提となっている。

　なお、子どもの権利に関する条約の誕生をみると、ポーランドの医師であった、ヤヌシュ・コルチャックの存在を抜きにすることはできない。

2）子どもの権利に関する条約の特徴

　子どもの権利に関する条約には、子どもを保護の対象と考えてきた従来の思想とは異なる考え方に基づく以下のような条項が盛り込まれている。（条文は、政府訳）

　①子どもの最善の利益
　子どもの最善の利益は、第3条に規定されている。

> 1　児童に関するすべての措置をとるに当たっては、公的若しくは私的な社会福祉施設、裁判所、行政当局又は立法機関のいずれによって行われるものであっても、児童の最善の利益が主として考慮されるものとする。
> 2　締約国は、児童の父母、法定保護者又は児童について法的に責任を有する他の者の権利及び義務を考慮に入れて、児童の福祉に必要な保護及び養護を確保することを約束し、このため、すべての適当な立法上及び行政上の措置をとる。
> 3　締約国は、児童の養護又は保護のための施設、役務の提供及び設備が、特に安全及び健康の分野に関し並びにこれらの職員の数及び適格性並びに適正な監督に関し権限のある当局の設定した基準に適合することを確保する。

　この条文をみてみよう。この条文は、思想的にも制度的にも、子どもに対する対応が180度転換したことを表している。19世紀初頭までは、子どもの福祉にかかわる決定は、父親に優先権が与えられていた。その後は、父親だけではなく、両親または一方の親が子どもを支配する立場に立っていた。父

親にしてもその他のものにしても、子どもを支配する立場をとっている限り、上下関係は明確であった。しかし、この子どもの権利に関する条約によって、最優先すべきことは子どもの利益であると明確に宣言された。子どもの最善の利益の原則を採用したことは、20世紀における公共政策の変化を反映している。最善の利益の原則は、国親 (parens patriae) の1つの形態であり、アメリカ合衆国においては、同様に主観的な母親優先の原則 (tender years doctrine) と置き換わって採用された。最善の利益の原則は、子どもは傷つきやすく回復しにくいので、子どもの生活環境のいかなる変化も子どもの福祉の観点から決定されるべきだという考えを基にしている。

　アメリカ合衆国では、1900年代の初めまでは、子どもは家財であり父親の個人的財産であると考えられていた（別の司法制度では、子どもは決して家財であると考えられていない）。それゆえ、子どもの福祉に関する決定については、ほかの誰の発言よりも、父親の決定権が勝っていた。その後、多くの州では、その状態から、子どもの世話をする人として母親を選択する状態に移行した。そして最終的に1970年代には、子どもの利益を、いずれの親の利益や、養育親や義理の親の利益よりも重視する状態に移行した。多くの裁判所では、養育者として母親の伝統的な役割を重視し続けるので、養育と金銭の紛争に対してこの原則を適用する際に、裁判所は歴史的に母親を好む傾向がある。それで、父親の権利を主張する者は、子どもの最善の利益とは実は母親の最善の利益であると批判し、父親は子どもの世話をして子どもに栄養を与える能力が低いと根拠なく決めつけられることに反対している。

②子どもの意見表明権

子どもの意見表明権は、条約第12条に規定されている。

第12条
1　締約国は、自己の意見を形成する能力のある児童がその児童に影響を及ぼすすべての事項について自由に自己の意見を表明する権利を

> 確保する。この場合において、児童の意見は、その児童の年齢及び成熟度に従って相応に考慮されるものとする。
> 2 このため、児童は、特に、自己に影響を及ぼすあらゆる司法上及び行政上の手続において、国内法の手続規則に合致する方法により直接に又は代理人若しくは適当な団体を通じて聴取される機会を与えられる。

　この条文を検討してみよう。かつての子どもについての考え方は、「子どもは自分の意見をもつまでには成長していない」「子どもは大人の考えに従っているのが最も幸せである」「子どもは大人の付属物である」などの意見があった。最後の意見は信じられないかもしれないが、このことは母子心中をした母親が責められなかった事実にあらわれている。生活が苦しくて、子どもを道連れにして自殺をした。子どもに人権があると知っていたら、これは殺人である。しかし、昔は母親が殺人をしたとは考えられなかった。子どもが人として人権が認められるようになって、母子心中は殺人であるという認識が出てきたのである。
　子どもはさまざまで、意見を述べるまでに成長していないという考えもあるかもしれない。このような考えに対して、第1条では、「その児童の年齢及び成熟度に従って…」という規定を置く。5歳の子供であれば複雑な意見表明ができないかもしれないが、その年齢なりの意見をもっているはずである。また、17歳であれば、十分意見表明は可能であると考えるのである。保護の対象としか考えられていなかった子どもが、権利主体としてとらえられている、明確な例である。「子どもなんか…」とか、「子どものくせに…」というのがこれまでの通常の考えであったが、子どもを人格を有する個人としてとらえたのである。子どもも一人の人格として、意見の主張を行うのである。
　このような子どもを一段と下にみて保護の対象とした考え方の背景には、

国親思想があり、子どもを保護の対象としかとらえていなかった、時代の風潮もある。しかし、いまや子どもは子どもとしての意見をもち、それを伝える権利を有するのである。子どもも大人と同列にとらえられて、一個の人間としてとらえ直されたのである。

③その他の権利の保障

その他の子どもの権利を保障する条項も規定されている。それらは、集会結社の自由、虐待からの保護、障害児の尊厳の確保、教育を受ける権利、経済的搾取からの保護などである。

この子どもの権利に関する条約が制定されたことで、各国の児童福祉は大きく変わった。日本の場合も、児童養護施設での子どもの権利の尊重や少年審判での少年の権利の尊重など、思想とともに制度が大きく変わったのである。そして、現在の世界の児童福祉の潮流は、この子どもの権利に関する条約をいかに遵守するかということで動いている。

2−2 障害のある人の権利に関する条約
(Convention on the Rights of Persons with Disabilities)

この条約は、これまでの障害のある人の福祉の考え方を大転換させる画期的なものであった。日本は、障害のある人にどう向かい合うかといったとき、リハビリテーションや福祉的支援をまず考えた。しかし、アメリカでは障害のある人に関する法律は、これらの人の人権をどう保障するかという発想で出来上がってきたものであった。このアメリカの障害をもつアメリカ人法と同じような発想で作られたのが、障害者権利条約である。また、この条約は障害当事者が積極的にかかわったという点で、画期的な条約である。障害のある人にかかわる法制度は、従来はこれらの人々を保護の対象とみて、リハビリテーションで生活能力の向上を図ったりした。しかし、障害のあるのは障害のある人当人ではなく、社会に障害があるという考え方がとられるよう

になり、当事者が前面に躍り出ることになったものである。この条約は、当事者の参加を得て作られたものであるという点で、画期的なものであった。なお、この条約の源流は、人種差別の撤廃をうたった、アメリカの公民権運動にあることも覚えておかなければならない。

　障害のある人の権利条約には、従来考えられていなかった、以下のような、さまざまな視点がとりいれられている。

> ①この条約は、市民権モデルに基づくものである。市民権モデル (Civil Rights Model) は、社会のなかに2つのレーンを作らず、障害のある人、ない人を分離しない。統合化して障害者と障害を持たない人が、接触する機会を増やすと障害者への偏見が軽減されていくと考えるのである。障害の有無についてのこだわり、障害判定への法的・行政的介入などを行うなどのムダなエネルギーの消費や、膨大な組織の形成も必要ない。この市民権モデルに対応するのが、社会福祉モデル (Social Welfare Model) である。このモデルは、能力の欠如の強調を必要とする。障害のある人は恩典を受けるために、障害があることで、自分にはできない、ということをアピールしなければならない。たとえば、障害年金は一定程度以上の障害があると申告して、はじめてサービスを受けられるものであり、自分からできないという否定的な自己イメージをわざわざ公にしなければならないという制度的な問題がある。
>
> 　市民権モデルは、ソーシャル・インクルージョンをはかるものであり、社会福祉モデル (Social Welfare Model) で排除されてきたひとを、もう一度再統合することを目指す。
>
> 　社会福祉モデルは、分離とラベリングの政策により、障害に対するステレオタイプを形成する可能性がある。これに対して、市民権モデルでは、職場環境、社会環境の改善で就労が可能になる。それを、ぎりぎりまで追求するのである。

②この条約は、障害をもつ人を保護の対象とみて、サービスの消極的受け手としてとらえていた従来の障害者福祉を、根底から覆すものであった。
③障害者権利条約は人権の視点でつくられたものである。すなわち、従来のリハビリテーションは障害者を訓練させるため、結果的には人権侵害にもなりうると考えて、障害は個人ではなく社会にあるといった視点からの条約である。

さらに、「われわれのことを我々抜きで勝手に決めるな」というスローガンをかかげ、障害者の視点から作られた条約であることも特徴的である。
④この条約は、合理的配慮の否定を含む障害を理由とする差別を規定している。すなわち、「障害を理由とする差別」とは、障害を理由とするあらゆる区別、排除または制限であって、政治的、経済的、社会的、文化的、市民的その他のあらゆる分野において、他の者と平等にすべての人権及び基本的自由を認識し、享有し、または行使することを害し、または妨げる目的または効果を有するものをいう。障害を理由とする差別には、あらゆる形態の差別（合理的配慮の否定を含む。）を含む。

「合理的配慮」とは、障害者が他の者と平等にすべての人権および基本的自由を享有し、または行使することを確保するための必要かつ適当な変更および調整であって、特定の場合において必要とされるものであり、かつ、均衡を失したまたは過度の負担を課さないものをいう。

合理的配慮は、障害のある人自らが主体となって権利を行使できる点で、従来の福祉モデルとは明らかに異なる市民権モデルの視座をもつ。配慮によって特定の職務を遂行できる有資格者であれば、当該の障害のある人自身が合理的配慮の権利を請求し、就労、就業の継続、訓練、昇進などを可能とする

効果的な配慮が、雇用主によって不釣り合いな負担とならない範囲で提供されなければならない。これは、割り当て雇用制度未達成の制裁が使用者に課され、個々の障害のある人の働く権利の行使に必ずしも直結しないことや、障害に関わる社会的な補償や給付がその時々の経済や政府の状況等に左右されること等に見られるような、従来の権利の執行者が必ずしも障害のある人ではなかった点と異なる。

　条文に沿って条約を検討してみよう。第3条は一般原則を提示している。まず、条約の原則が説明されている。

> （a）固有の尊厳、個人の自律（自ら選択する自由を含む。）及び個人の自立を尊重すること。
> （b）差別されないこと。
> （c）社会に完全かつ効果的に参加し、及び社会に受け入れられること。
> （d）人間の多様性及び人間性の一部として、障害者の差異を尊重し、及び障害者を受け入れること。
> （e）機会の均等
> （f）施設及びサービスの利用を可能にすること。
> （g）男女の平等
> （h）障害のある児童の発達しつつある能力を尊重し、及び障害のある児童がその同一性を保持する権利を尊重すること。

　ここで示されていることをまとめると、平等・差別の禁止とソーシャル・インクルージョン、自立と社会参加の促進、ということになるだろう。さらにまとめていえば、人権保障なのである。ここには、日本がかつて政策として行ってきた施設入所が強調されることはないのである。

　第5条には、障害を理由とするあらゆる差別の禁止が規定されている。障害の有無にかかわらず、人間として平等で差別されない権利を障害者が有す

ることを規定している。また、第10条に規定されている、生命に対する権利も重要である。ナチスがそうであったように、障害がある故に生命を絶たれてはならないのである。また、障害児をかかえた母親の母子心中が同情をもって見られた事実は否定されているのである。

第12条には、「締約国は、障害者がすべての場所において法律の前に人として認められる権利を有することを再確認する」というように、法律の前にひとしく認められる権利が、明確に述べられている。身体の自由及び安全（14条）、拷問又は残虐な、非人道的な若しくは品位を傷つける取扱い若しくは刑罰からの自由（15条）、搾取、暴力及び虐待からの自由（16条）は、人間として当然に認められるべき事柄である。また、自立した生活及び地域社会に受け入れられること（19条）、個人的な移動を容易にすること（20条）は、障害のある人にとっては、たいへん重要なことである。これらの基本的な権利をみてみると、障害をもっているという理由で制限されたり否定されていた者のあることに気付かれる。つまり、この障害者の権利に関する条約は、障害のある人たちを束縛から解き放ち、自由を保障しようとするものなのである。

2－3 女子に対するあらゆる形態の差別の撤廃に関する条約（通称；女子差別撤廃条約）

第二次世界大戦終結後、女性差別と戦争との関連を問う動きがあり、1946年6月に国連のなかに「国連女性の地位委員会」が設置された。この委員会の設置が背景となって、国際婦人年の1975年に第1回世界女性会議が開催され、ニューヨークでの「女性2000年会議」までの5回にわたる世界女性会議は、"平和"の実現のためには女性の地位を向上させなければならないという認識のもとに開催された。

女性の地位委員会は、女性の参政権に関する条約（1952年）、既婚女性の国籍に関する条約（1957年）などを起草し、その後、女性差別撤廃宣言を策

定した。国連総会はこの宣言を採択し、さらに法的拘束力をもった条約をつくるべく1972年には1975年を国際婦人年とすることを決定した。その後、1976年からの10年を国際婦人の10年とすることが決められた。

懸案となっていた、女性差別撤廃条約は1979年12月に総会において採択され、1981年9月3日に発効した。日本は1980年7月にコペンハーゲンで開催された世界女性会議の席上で調印し、1985年6月25日には批准書を寄託した。日本はこの条約を批准するにあたり、国籍法を改正し、父系血統優先主義を父母両系血統平等主義に改め、また男女雇用機会均等法を制定するなどの措置をとった。締約国はこの条約の実施に関する進捗状況について国際連合事務総長に報告を提出する義務があり、この国家報告を検討する「女子差別撤廃委員会」が設立され、活発に活動している。

血統主義

国籍の取得にあたって、両親のどちらかの国籍を子の国籍とするという規定。現在日本やドイツ、韓国などで採用されている。対概念として出生地主義（親がどこの国の国民であろうと、自国で生まれた子は自国民とする規定。アメリカやカナダ等が採用）がある。日本の国籍法では、父親か母親が日本国民なら子も日本国民とすると規定されている。従来は父系からの取得しか認められなかったが、女性差別撤廃条約の批准にあたってこれが女性差別であるとされ、1985年に改正され父系母系どちらの国籍でも選べるようになった。（父母両系血統主義）。なお、国籍法第2条で、父母の知れないときはその子を日本国籍とするという規定があるが、これは例外的に出生地主義をとりいれたものである。

この条約の目指すところは、あらゆる分野、とくに、政治的、社会的、経済的及び文化的分野において、女子に対して男子との平等を基礎として人権及び基本的自由を行使しおよび享有することを保障することであり、女子の完全な能力開発および向上を確保するためのすべての適当な措置（立法を含

む。）をとることを宣言している。（第3条）また、国籍取得について、男女平等を図ることを規定している。（第9条）これが根拠となって、日本の父系血統主義が男女両系血統主義に改められたのである。

　その他、教育における男女平等の実現（第10条）、就労の場での男女平等（第11条）などが規定されている。

　この条約を日本が批准した結果、男女雇用機会均等法（雇用の分野における男女の均等な機会及び待遇の確保等女子労働者の福祉の増進に関する法律）が制定されるなど、条約を批准した効果は大きい。

　国際条約を世界の社会福祉を規定する規範と考えて、説明してきた。ここで扱った規範のほかに、さまざまな規範があり、これらが世界の社会福祉が何かを示している。ここで取り上げなかった、高齢者のための国連原則（1991年）や先住民に関わるILOの条約（最初の条約は1957年）などがそれらである。先住民については、2007年に「先住民族の権利に関する国際連合宣言」が出されたことを受けて、2008年に「アイヌ民族を先住民族とすることを求める決議」が国会で採択された。政策が具体的に動き出すのには時を要するが、アイヌの人たちに対する政策が変わるのは確実であろう。

　日本の社会福祉は、グローバリゼーションの進展の結果、世界の社会福祉の潮流の影響を受けざるを得ない。したがって、世界の社会福祉を学ぶことは、今後ますます重要となってくるのである。　　　　　　　（萩原康生）

終 章
社会福祉の課題と未来

1. 現代の社会福祉の共通課題

　これまで述べてきた社会福祉の諸課題についてどの程度達成されているのだろうか。7つの点から概観してみよう。まず、サービス評価についてである。すなわちケア評価の確立については、サービス評価基準や方法の設定と評価のための仕組みは完成したが、肝心のケアの評価基準や評価方法がケアの質を計れるものとはなっていない。

　社会福祉計画については高齢、障害、児童、地域の各計画は出揃ったが、社会福祉計画の策定過程で住民の生活実態を必ずしも的確にとらえていないことや、計画策定への住民や当事者参加が少なく、計画評価の方法がピア・レビュー以外まったくといって明確になっていない。

　リーガルアプローチ（司法・準司法的関与）の推進に関しては、権利擁護事業、成年後見制度、児童虐待や高齢者虐待の防止に関する法律の成立など司法的な取り組みが強化されている。しかし、社会福祉における司法関与や、準司法的介入方法の開発は家族観の問題やアドボカシーの確立、法制度上の精査など積み残した課題が多い。

　高齢者や障害関係では一般化している家庭内での支援が児童福祉の分野では取り組みが弱い。国際的にはホームビジティングと表現され、専門家・ホームヘルパー・ボランティアが家庭の中へ入り、家庭の中で活動しサービスを提供する制度が発展し充実が図られている。

　コラボレーション＝「協働」が地域福祉の現場では、活動展開上の課題を示すキーワードとなっている。小地域内での協働事業としての小地域福祉ネットワークの展開や、行政と住民・NPO・コミュニティビジネスとの新しい協働の方法（新しいガバナンス）が開発されなければならない。

　社会福祉法人制度は、これまで社会福祉サービスを支えてきた。しかし、社会福祉法人と株式会社などとのイコール・フッティング論議など、社会福祉の普遍化や保険制度化の中で社会福祉法人の新しい時代における新しい存在意義を明確化することは喫緊の課題である。

社会福祉従事者の確保も大きな問題である。社会福祉従事者は、超過勤務、低賃金化、離職率の高まり、非正規雇用化など、極めて厳しい職場環境にある。良質なサービスや従事者確保のためにも就業条件の安定化が強く求められている。

社会福祉従事者の専門性の確保と社会的認知を最後に指摘しておきたい。現在日本では社会福祉士ですら、専門性を持った職業として適切な評価が得られているとはいえない。専門職団体や養成機関はソーシャルワーカーとしての専門性を高めるとともに、社会的認知の向上に取り組むことが必要である。

2．福祉社会の未来 ―成長モデルと成熟モデル―

さまざまな福祉課題を達成する取り組みのなかで、我々が向かうべき福祉社会の方向はどうあるべきなのだろうか？ マクロな視点で考えてみたい。社会の形態は、コミュニティ、ナショナル、リージョナル、グローバルの4つに分けられる。福祉社会を考える時にはこれら4つの社会ごとに考えなければならない。しかし、紙幅の関係からここではナショナルレベルの視点を中心に福祉社会を考えてみたい。

わが国は、人口減少社会になり、環境に負荷をかける経済発展は望めず、高齢化のスピードは世界が経験したことのないスピードで進んでいることからすでに右肩あがりの成長を前提にしてはいない。持続可能な福祉社会の実現を求めている。すなわち「身の丈にあった社会システム」を構想しようとしている。そのためには、3つのマクロな課題がある。

1つには高齢化やそれに伴う医療費の上昇に対応できる社会保障システム作りである。社会保障の限られた財源の中で重点化しなければならない。そのため年金制度は基礎年金（ベーシック・インカム）と公的な積立型年金の導入などにより縮減することが前提である。

2つには少子化やニート対策等の青年問題の深刻化に対応したフローの再

配分から、ストックの再配分へ軸足の移動である。アメリカのボールズのいうストック（資産）の再配分のことである。ボールズのいうストック（資産）とは、①労働に関する資産の所有　②住宅の所有　③子どもの養育　④学校教育である。いい方を変えると高齢期重点から子ども期にも比重を高めたものでイギリスのロバートソンの「事前配分」の考え方に近い。実際にブレア政権の施策にも応用されている。排除される者のいないインクルーシブな社会、ポジティブ福祉社会（貧困者などに生活費を支給する＝ネガティブ福祉）の構築、そのためのキャッチフレーズとして「機会平等」と「福祉から労働へ」がうたわれている。

　3つには国際社会の貧富の格差などに対応するグローバルミニマムともいえる構想である。福祉社会の4つの形態、福祉コミュニティ、福祉国家、福祉地域、福祉世界の確立を目指した国際的な人権擁護と社会保障のためのシステムを国際社会が作ることで福祉「世界」を実現することである。国際福祉の取り組みでもある。すでにフランスは国際連帯税の導入を提案するなど新しい動きが始まっている。

　また、富の源泉であり、産業活動の資産である環境を保護する必要から、環境税の導入にともない税収の社会保障財源化がデンマークやオランダ、イギリス、ドイツなどで実施されている。こうした社会保障の財源確保のための新しい仕組みの確立も大切であろう。

　小さな政府を基本に、環境問題を放置し、限りない経済成長を前提にしたアメリカ型の社会経済システム（成長モデル）から、一定規模の政府を基本に、環境問題を重視し、成熟社会を前提にしたヨーロッパ型の社会経済システム（成熟モデル）＝「身の丈にあった社会システム」への転換が今わが国に求められている。

3．アーバン福祉学の創造に向けて

　従来の福祉は貧困問題や子ども・高齢者・障害者の生活問題などをとらえ

てきた。しかし、私たちが解決しなければならない課題は多様化し進化している「いま、ここで」の問題である。それは町から消えていく子ども達の声であり、急激に増えている高齢者とその人たちの生きがいの問題であり、働いても豊かにならないworking poorの若者の問題であり、グローバルに取り組まなければならない危ない食品や自然破壊、食糧危機、そしてCO_2の問題である。

　都市、とりわけ大正大学がある首都東京は、世界的視座で俯瞰してもさまざまな福祉問題が象徴的に噴出するエリアである。「都市（アーバン：urban）」が抱えるこうした問題を深く探ることを通して、世界や地方も含めた新しい福祉問題を発見し解決してゆくアーバン福祉学の視座と方法を確立することが「いま」を生きるわれわれの課題である。　　　　　　（西郷泰之）

執筆者（執筆順）

石川　到覚*	今井　　伸
落合　崇志	宮崎　牧子*
山田　知子*	山本かの子
新田　秀樹	髙橋　一弘
新保　祐光	相原　眞人
坂本智代枝	沖倉　智美
長倉真寿美	野田　文隆
柏木美和子	萩原　康生
中村　　敬	西郷　泰之

＊…編集担当者

ソーシャルワーカーの
社会福祉原論 II
―― 現代社会と福祉 ――

2009年10月30日　初版発行

編　集　大正大学社会福祉研究会
発行者　小峰彌彦
発行所　大正大学出版会
住　所　東京都豊島区西巣鴨3-20-1
電　話　03-3918-7311 ㈹
印刷所　株式会社 白峰社

ISBN 978-4-924297-63-0